संजीव कपूर

मिठाई

खुशी के अवसर पर कुछ खास

अल्योना कपूर के सहयोग से

Popular Prakashan
www.popularprakashan.com

राजपाल

खाना खज़ाना पब्लिकेशन्स प्रा. लि. के लिए
पॉप्युलर प्रकाशन प्रा. लि. द्वारा प्रकाशित
पॉप्युलर प्रकाशन प्रा. लि.
301, महालक्ष्मी चेंबर्स,
22, भुलाभाई देसाई रोड, मुंबई - 400 026

प्रथम प्रकाशन 2015

ISBN: 978-93-5064-267-2

रूपरेखाः अंजली सावंत व महेन्द्र घाणेकर
फूड स्टाइलिंग : अनूपा दास
छायांकन : विकास शिंदे
अनुवाद : श्रीमती अश्विनी पटवर्धन

भारत में मुद्रित
रामा प्रिन्टर
4743/23, अन्सारी रोड,
दर्यागंज, नई दिल्ली - 110002

सह प्रकाशक
राजपाल एन्ड सन्ज़
कश्मीरी गेट, दिल्ली - 110006
website: www.rajpalpublishing.com
email: sales@rajpalpublishing.com

लेखक की कलम से

मेरे खाने के शौकीन मित्रों व पाठकों ने मुझसे मिठाइयों की एक किताब लिखने की माँग की, ताकि वो घर पर इन मिठाइयों को बनाने में अपना हाथ आज़मा सकें. बाज़ार में उपलब्ध कई मिठाइयों में से मैंने कुछ मिठाइयों को चुना है जिन्हें घर पर आसानी से बनाया जा सकता है. भारत कई धर्मों व सभ्यताओं का पोषक रहा है, इस कारण यहाँ कई प्रकार की स्वादिष्ट मिठाइयाँ बनती हैं. ये मिठाइयाँ फल, सब्ज़ी, अनाज़, दूध व दूध के उत्पादों से बनायी जाती हैं, जिसमें मिठास के लिए गुड़ या शक्कर डाली जाती है और देसी घी डालकर उन्हें अधिक पौष्टिक व शाही बनाया जाता है.

भारत के प्रत्येक क्षेत्र की मिठाइयाँ कुछ विशिष्टताएं लिए हुए हैं. पूर्वी भारत में जहाँ छेने के बगैर मिठाइयों (रसगुल्ला, संदेश, राजभोग) की कल्पना ही नहीं की जा सकती है, वहीं दूसरी ओर यानी उत्तर भारत में मावा या खोया मिठाइयों (मथुरा का पेड़ा, मावा गुजिया, मावा बर्फ़ी) की जान है. पश्चिमी व दक्षिणी भारत में मिठाइयाँ (मोहनथाल, उकडीचे मोदक, मैसूर पाक, राघवदास लाडू) बनाने के लिए मुख्य रूप से दालों और दलहनों का इस्तेमाल किया जाता है.

क्षेत्र चाहे जो भी हो, परंतु भारत में कोई भी शुभ अवसर, त्यौहार या समारोह मिठाइयों के बिना अधूरा है. मिठाई को हमेशा एक शुभ शगुन के रूप में देखा जाता है, इसलिए कोई भी महत्त्वपूर्ण कार्य जैसे इंटरव्यू या परीक्षा के लिए जाने से पहले मिठाई खिलाई जाती है. दही और शक्कर खाने से कार्य में अवश्य सफलता मिलती है ऐसा माना जाता है.

मिठाइयाँ कैलोरी से भरपूर होती हैं परंतु जब हम इन्हें घर पर बनाते हैं तो शक्कर व घी की मात्रा को नियंत्रित कर इन्हें पौष्टिक व स्वास्थ्यवर्धक बना सकते हैं. मैंने इस किताब में कुछ ऐसी पाकविधियाँ भी दी हैं जो ऐसे व्यक्तियों के लिए बिलकुल उपयुक्त हैं जिन्हें शक्कर से परहेज़ है. अब आप वजन बढ़ने या ब्लडशुगर लेवल बढ़ने की चिंता किए बगैर बड़े आराम से बेसन के लड्डू, केसर-पिस्ता फिरनी, मावा गुजिया या खजूर और अखरोट के रोल का आनंद उठा सकते हैं. मैं आपको यहाँ एक बात याद दिलाना चाहता हूँ कि संतुलित मात्रा में किसी भी चीज़ को खाना सेहत के लिए अच्छा है; परंतु किसी भी चीज़ की अति नुकसानदायक होती है. तो फिर मज़ा उठाइए इन मीठे पकवानों का और हाँ व्यायाम करना मत भूलना. अच्छे स्वास्थ्य से बढ़कर मीठा और कुछ नहीं है.

हैप्पी कुकिंग!

अनुक्रमणिका

बर्फ़ी, पेड़ा और मावे की मिठाई

लड्डू, कतली और रोल्स

छेने और पनीर की मिठाई

काजू–केसर बर्फ़ी

950 ग्राम बर्फ़ी बनेगी

सामग्री

4 कप (500 ग्राम) काजू का पाउडर

थोड़ा–सा केसर

2 कप (500 ग्राम) शक्कर

1 बड़ा चम्मच दूध

1 बड़ा चम्मच लिक्विड ग्लूकोज़

¼ छोटा चम्मच खाने का तरल पीला रंग (लिक्विड पीला फूड कलर)

¼ छोटा चम्मच खाने का तरल नारंगी रंग (लिक्विड नारंगी फूड कलर)

1 छोटा चम्मच घी, लगाने के लिए

2–3 चाँदी के वरक़

विधि

- एक गहरे नॉन–स्टिक पैन में शक्कर और दो कप पानी डालें. शक्कर घुलने तक इसे पकाएं.
- दूध डालें और ऊपर आने वाले झाग को कड़छी की मदद से निकालकर अलग कर दें.
- चाशनी को गाढ़ी या कड़क गुठली की बनने तक पकाएं (पृष्ठ क्र. 95 देखें).
- पैन को आँच पर से उतार लें. इसमें काजू का पाउडर डालकर अच्छी तरह मिलाएं. लिक्विड ग्लूकोज़ डालें और एक बार फिर से मिलाएं. इसमें केसर और फूड कलर मिलाएं.
- मिश्रण को तब तक घोटते रहें जब तक कि वह चिकना व नरम न हो जाए.

- मिश्रण को एक समतल सतह पर निकाल लें और फैलाकर थोड़ा ठंडा कर लें.
- थोड़ा ठंडा होने पर इसे हाथों से अच्छी तरह गूंध लें. किचन प्लेटफॉर्म पर थोड़ा घी लगाएं और गूंधे हुए मिश्रण को उस पर रख दें.
- अब बेलन की सहायता से इसकी आधा सेंटीमीटर मोटी रोटी बेल लें. इस बात का ध्यान रखें की पूरी रोटी की मोटाई एक समान होनी चाहिए.
- ऊपरी सतह को बटर पेपर से रगड़ दें. वरक़ से सजाएं और फिर शकरपारे के आकार में काटकर खाने को दें.

केसर के स्वाद वाली काजू से बनी यह बर्फ़ी त्यौहारों पर बनाने के लिए सबसे बढ़िया मिठाई है. मुझे इसे उपहार के रूप में देना पसंद है, विशेषकर दीवाली पर.

नारियल की बर्फ़ी

250 ग्राम बर्फ़ी बनेगी

सामग्री

2 कप कद्दूकस किया हुआ ताज़ा नारियल

1 कप (250 ग्राम) शक्कर

½ कप (100 मिली) ताज़ा क्रीम

चुटकीभर हरी इलायची पाउडर

2 बड़े चम्मच पीसी हुई शक्कर

½ बड़ा चम्मच घी

मेरी बेटी को यह बर्फ़ी बहुत पसंद है. इसमें थोड़ा सा कोको पाउडर डालने पर इसका स्वाद और भी बढ़ जाता है.

विधि

- मध्यम आँच पर एक नॉन-स्टिक पैन गरम करें. इसमें नारियल, शक्कर, क्रीम और इलायची पाउडर डालें और पकाएं. लगातार चलाते हुए पंद्रह मिनट तक या मिश्रण सुनहरा भूरा होने तक पकाएं.
- आँच पर से उतार लें और फिर इसमें पीसी हुई शक्कर डालकर अच्छी तरह मिलाएं. एक थाली में थोड़ा सा घी लगाएं और नारियल के मिश्रण को इसमें उंडेल दें.
- मिश्रण को थाली में समान रूप से फैला दें. ठंडा होने दें. ठंडा होने पर इसे चौकोर या शकरपारे के आकार में काट लें और खाने को दें.

नोटः ताज़ा नारियल ज़्यादा दिनों तक नहीं टिकता है, इसलिए बर्फ़ी 2-3 दिनों में खा लें.

गाजर के हलवे की बर्फ़ी

600 ग्राम बर्फ़ी बनेगी

सामग्री

5 बड़ी गाजर, मोटी कद्दूकस की हुई

4 बड़े चम्मच घी, सामान्य ताप वाला + लगाने के लिए

1 कप (250 ग्राम) शक्कर

1 छोटा चम्मच हरी इलायची पाउडर

½ टिन (200 ग्राम) कंडेन्स्ड मिल्क

1 कप (180 ग्राम) खोया/मावा, कद्दूकस किया हुआ

18–20 किशमिश

10–12 बादाम, ब्लांच किए हुए, छीलकर, लंबे पतले टुकड़े किए हुए

10–12 पिस्ते, ब्लांच किए हुए, छीलकर लंबे पतले टुकड़े किए हुए

विधि

- 6 × 8 इंच की एक एल्युमिनियम ट्रे में घी लगा लें.
- एक नॉन-स्टिक पैन में घी गरम करें. इसमें कद्दूकस की हुई गाजर डालें और गाजर का पानी सूख जाने तक भूनें. शक्कर डालें और अच्छी तरह मिलाएं.
- लगातार चलाते हुए पानी सूख जाने तक और गाजर नरम हो जाने तक पकाते रहें.
- इलायची पाउडर, कंडेन्स्ड मिल्क और मावा डालकर अच्छी तरह मिलाएं.

- मावे के घुल जाने तक और मिश्रण के गाढ़े हो जाने तक पकाएं. किशमिश डालकर मिलाएं. मिश्रण को घी लगी ट्रे में उंडेल दें और फैलाकर एक समान कर लें.
- ऊपर से बादाम और पिस्ते डालें और ठंडा होने के लिए अलग रख दें. या फिर फ्रिज में रखकर ठंडा करें. चौकोर या शकरपारे के आकार में काट लें.

सुप्रसिद्ध और सबके पसंदीदा गाजर के हलवे
को बर्फ़ी के रूप में पेश करें. बनाने में आसान,
खाने में आसान और रखने में भी आसान;
लेकिन एक बात मैं आपको जरूर बताना
चाहूँगा कि ताज़ी बर्फ़ी का स्वाद
बहुत ही लाजवाब होता है.

केले के हलवे की बर्फ़ी

250 ग्राम बर्फ़ी बनेगी

सामग्री

1 कप पके हुए केले के टुकड़े (नेन्द्रा बाले/नेन्द्रा पलम)

1 कप (180 ग्राम) कद्दूकस किया हुआ मावा/खोया

घी, लगाने के लिए

½ कप (125 ग्राम) शक्कर

½ कप दरदरे पीसे हुए काजू

¼ कप (50 मिली) दूध

विधि

- एक 6 × 8 इंच के सीधे किनारोंवाली उथली ट्रे की तली में थोड़ा सा घी लगा लें.
- मध्यम आँच पर एक नॉन-स्टिक पैन गरम करें. इसमें केले के टुकड़े और कद्दूकस किया हुआ मावा डालें और पकाएं. बीच-बीच में मिश्रण चलाते रहें ताकि मिश्रण तली में चिपके नहीं.
- मिश्रण को तब तक पकाते रहें जब तक कि वह घी न छोड़ने लगे. उसमें शक्कर और काजू का पाउडर डालें और अच्छी तरह से मिलाएं.
- लगातार चलाते हुए मिश्रण को पकाते रहें जब तक कि वह गहरा भूरा न हो जाए. दूध डालें और जब तक मिश्रण पैन के किनारों को न छोड़ने लगे तब तक पकाते रहें.

- मिश्रण को घी लगी ट्रे में उंडेल दें. मिश्रण को फैलाकर एक समान कर लें और ठंडा होने दें.
- ठंडा होने पर आपके पसंदीदा आकार में काट लें और खाने को दें.

पके हुए केलों को मावे के साथ पकाया जाता है और फिर बर्फ़ी के रूप में परोसा जाता है.
दक्षिण भारत में विशेषकर केरल और कर्नाटक में यह बर्फ़ी नेन्द्रा बाले या केरला बनाना से बनाई जाती है.
इन दोनों तरह के केलों का स्वाद बहुत ही अलग होता है.

बेसन की बर्फ़ी

300 ग्राम बर्फ़ी बनेगी

सामग्री

2 कप (200 ग्राम) बेसन

½ छोटा चम्मच हरी इलायची पाउडर

10–12 पिस्ते, पतले-लंबे टुकड़े किए हुए

10–12 बादाम, पतले-लंबे टुकड़े किए हुए

1 कप (125 ग्राम) पीसी हुई शक्कर

1 कप (200 मिली) पिघलाया हुआ घी + लगाने के लिए

विधि

- एक नॉन–स्टिक कड़ाही में घी गरम करें. इसमें बेसन डालें और धीमी आँच पर लगातार चलाते हुए दस से पंद्रह मिनट तक या बेसन का रंग बदलने लगे और उसमें खुशबू आने लगे तब तक भूनें.
- इसमें इलायची पाउडर और पिस्ता व बादाम के टुकड़े डालें और अच्छी तरह मिलाएं. आँच पर से उतार लें और ठंडा होने के लिए एक तरफ रख दें. पीसी हुई शक्कर डालें और अच्छी तरह मिलाएं.
- एक 6×8 इंच की एल्युमिनियम की सीधे किनारों वाली उथली ट्रे में घी लगाएं. बेसन के मिश्रण को इस ट्रे में उंडेल दें और घी लगे चम्मच या उल्थे की मदद से मिश्रण को ट्रे में समान रूप से फैला दें.
- ठंडा होने दें. ठंडा होने के बाद इसे चौकोर या शकरपारे के आकार में काट लें. बर्फ़ी को हवाबंद डिब्बे में रखें.

मैं दावे के साथ कह सकता हूँ कि आप
इलायची की सुगंध वाली व सूखे मेवों
और बेसन से बनी इस बर्फ़ी को पलक
झपकते ही चट कर जाएंगे.

मावा बर्फ़ी

20 मावा बर्फ़ी/400 ग्राम बर्फ़ी बनेगी

सामग्री

2 कप + 1 बड़ा चम्मच (375 ग्राम) खोया/मावा

½ कप (125 ग्राम) शक्कर

1 छोटा चम्मच लिक्विड ग्लूकोज़

चुटकीभर हरी इलायची पाउडर

विधि

- एक बड़ी व भारी पेंदे वाली नॉन-स्टिक कड़ाही में खोया व शक्कर को धीमी आँच पर लगातार चलाते हुए पकाएं.
- जब शक्कर पूरी तरह से घुल जाए और खोया पिघलने लगे तब उसमें लिक्विड ग्लूकोज़ डालें.
- लगातार चलाते हुए बीस मिनट तक या मिश्रण गाढ़ा होकर कड़ाही के किनारे छोड़ने लगे तब तक पकाएं. इलायची पाउडर डालें और अच्छी तरह मिला लें.
- मिश्रण को घी लगी 6×8 इंच की एल्युमिनियम ट्रे में उंडेल दें और फैलाकर एक समान कर लें.
- ठंडा होकर जमने के लिए एक तरफ रख दें. 20 चौकोर या शकरपारे के आकार में काट लें.

यदि आप त्यौहार या किसी उत्सव के लिए मिठाई बनाना चाहते हैं तो यह बर्फ़ी एकदम उपयुक्त है. बनाने में आसान और खाने में स्वादिष्ट! मुँह में रखते ही यह बर्फ़ी घुल जाती है.

स्टफ्ड गुलाब जामुन

25 गुलाब जामुन/750 ग्राम
गुलाब जामुन बनेंगे

सामग्री

¾ कप (125 ग्राम) हरियाली खोया/मावा (पृष्ठ क्र. 94 पर देखें)

½ कप (60 ग्राम) मलाई पनीर

3½ बड़े चम्मच (25 ग्राम) मैदा

3½ बड़े चम्मच (20 ग्राम) कॉर्नफ्लॉर

5-6 पिस्ते, चूरा किए हुए

¼ छोटा चम्मच हरी इलायची का पाउडर

चाशनी

1½ कप (375 ग्राम) शक्कर

1 छोटा चम्मच दूध

घी, तलने के लिए

विधि

- खोया और मलाई पनीर को अलग-अलग कद्दूकस कर लें और फिर मिला लें.
- दो बड़े चम्मच खोया मिश्रण अलग रख दें. बचे हुए मिश्रण में मैदा और कॉर्नफ्लॉर डालें और गूंधकर चिकना मिश्रण तैयार कर लें. इसके पच्चीस समान भाग कर लें.
- अलग रखे हुए खोया-पनीर के मिश्रण में पिस्ते का चूरा और इलायची पाउडर डालें और अच्छी तरह मिलाएं. इसके भी पच्चीस समान भाग करें और उनके छोटे-छोटे गोले बना लें.
- खोया-पनीर के मिश्रण का एक भाग अपनी हथेली पर रखें. इसके बीच में छोटा-सा गड्ढ़ा करें और इसमें खोया-पिस्ते के मिश्रण से बनाया हुआ छोटा गोल रख दें.

- अब किनारों को पास-पास में लाएं और बंद कर दें ताकि भरावन बाहर न निकल सके. दबाकर चिकना गोला बना लें. गोले की ऊपरी सतह पर किसी भी प्रकार की दरार नहीं होनी चाहिए.
- शक्कर में पाव कप पानी डालें और लगातार चलाते हुए शक्कर घुलने तक उबालें. दूध डालें और ऊपर की ओर उठने वाले झाग को कड़छी की सहायता से निकालकर अलग कर दें. चाशनी को हल्का सुनहरा होने तक उबालें. चाशनी को गरम ही रखें.
- एक कड़ाही में मध्यम आँच पर पर्याप्त घी गरम करें. एक बार में खोया के आधे गोले हल्के हाथों से इसमें छोड़ें.
- कड़ाही को आँच पर से उतार लें और कड़ाही को धीरे-धीरे आगे-पीछे हिलाएं जब तक की सभी गोले तैरते हुए ऊपरी सतह पर न आ जाएं.
- कड़ाही को फिर से आँच पर रखें और मध्यम आँच पर हल्के हाथों से चलाते हुए गोलों को सुनहरा भूरा होने तक तलें. निकालकर चाशनी में डालें. इन्हें कम से कम पंद्रह मिनट तक चाशनी में डुबोकर रखें उसके बाद खाने को दें.
- आप इन्हे ठंडे या गरम दोनों तरह से परोस सकते हैं.

खोया और पिस्ता के भरावन के कारण
इन शाही गुलाब जामुनों का स्वाद दुगना हो जाता है.

काला जामुन

25 काले जामुन/1.25 किग्रा.
काले जामुन बनेंगे

सामग्री

¾ कप (125 ग्राम) हरियाली खोया/मावा (पृष्ठ क्र. 94 पर देखें)

½ कप (60 ग्राम) मलाई पनीर

3½ बड़े चम्मच मैदा

3½ बड़े चम्मच कॉर्नफ्लॉर

1½ कप (375 ग्राम) शक्कर

1 बड़ा चम्मच दूध

¼ छोटा चम्मच हरी इलायची का पाउडर

घी, तलने के लिए

चाँदी का वरक़ आवश्यकतानुसार (पृष्ठ क्र. 95 पर देखें)

विधि

- खोया और मलाई पनीर को अलग-अलग कद्दूकस करके मिला लें. मैदा और कॉर्नफ्लॉर डालें और अच्छी तरह गूंधकर चिकना मिश्रण तैयार कर लें. इसके पच्चीस समान भाग कर लें.
- प्रत्येक भाग को हथेली पर लें और थोड़ा दबाते हुए चिकना गोला बना लें. ध्यान रखें कि गोले की ऊपरी सतह पर किसी प्रकार की दरार नहीं होनी चाहिए.
- चाशनी बनाने के लिए शक्कर और पाव कप पानी को शक्कर घुलने तक उबालें. दूध डालें. ऊपर उठने वाले झाग को कड़छी की सहायता से निकालकर अलग कर दें.
- इलायची पाउडर डालें और चाशनी को हल्का सुनहरा होने तक उबालें. चाशनी को गरम ही रखें.

- एक नॉन-स्टिक कड़ाही में मध्यम आँच पर पर्याप्त घी गरम करें. एक बार में खोया के आधे गोले घी में हल्के हाथों से छोड़ें.
- कड़ाही को आँच पर से उतार लें और किचन प्लेटफार्म पर रखें और धीरे-धीरे आगे-पीछे हिलाएं जब तक कि सभी गोले तैरते हुए ऊपरी सतह पर ना आ जाएं.
- कड़ाही को वापस आँच पर रखें और हल्के हाथों से चलाते हुए गोलों को मध्यम आँच पर गहरे भूरे रंग के होने तक तलें.
- निकालकर चाशनी में डालें. उन्हें कम से कम पंद्रह मिनट तक चाशनी में डुबोकर रखें. चाँदी के वरक़ से सजाएं और ठंडे या गरम खाने को दें.

जब आप गुलाब जामुन को थोड़ी और
देर तक तलते हैं तो काला जामुन बनता है.
काले होने पर भी इसका स्वाद
और मिठास बरकरार रहती है.

मलाई पेड़ा

16 पेड़े बनेंगे

सामग्री

1 लीटर दूध

थोड़ा सा केसर

4 छोटे चम्मच दूध

½ कप (125 ग्राम) शक्कर

2 चुटकी साइट्रिक एसिड

1 छोटा चम्मच कॉर्नफ्लॉर

¼ छोटा चम्मच हरी इलायची पाउडर

4–5 बादाम, टुकड़े किए हुए

7–8 पिस्ते, टुकड़े किए हुए

विधि

- एक गहरे नॉन–स्टिक पैन में दूध उबालें. लगातार चलाते हुए लगभग बीस मिनट तक या दूध आधा हो जाने तक उबालें.
- केसर को दो छोटे चम्मच कुनकुने दूध में भिगोएं और फिर इसे उबलते दूध में डाल दें. शक्कर डालें और चार से पाँच मिनट तक पकाएं.
- एक बड़े चम्मच पानी में साइट्रिक एसिड मिलाएं और इस मिश्रण को थोड़ा–थोड़ा करके उबलते दूध में डालें. दूध को हल्का सा फटने तक (लच्छे बनने तक) पकाते रहें.
- बचे हुए दो छोटे चम्मच दूध में कॉर्नफ्लॉर मिलाएं और इसे पैन में डालें.

- लगातार चलाते हुए लगभग पैंतालीस मिनट तक पकाएं, जब तक कि मिश्रण गाढ़ा होकर खोया की तरह न हो जाए.
- इलायची पाउडर डालकर अच्छी तरह मिलाएं. आँच पर से उतारकर ठंडा होने के लिए एक तरफ रख दें.
- मिश्रण के सोलह समान भाग कर लें और उसके छोटे-छोटे गोल पेड़े बना लें.
- बादाम और पिस्तों से सजाकर खाने को दें.

यह पेड़ा सभी को बहुत पसंद आता है
और यह झटपट बननेवाली आसान मिठाई है.

चॉकलेट पेड़ा

16 पेड़े/400 ग्राम पेड़े बनेंगे

सामग्री

2 बड़े चम्मच कोको पाउडर

2 कप + 1 बड़ा चम्मच

(375 ग्राम) खोया/मावा

¼ कप (125 ग्राम शक्कर)

⅛ छोटा चम्मच लिक्विड चॉकलेट फूड कलर

10–12 बादाम, लंबे पतले टुकड़े किए हुए

विधि

- एक नॉन–स्टिक पैन में खोया और शक्कर को लगातार चलाते हुए लगभग बीस मिनट तक या मिश्रण गाढ़ा होकर पैन के किनारे छोड़ने लगे तब तक पकाएं.
- पैन को आँच पर से उतार लें और फिर उसमें कोको पाउडर व चॉकलेट कलर डालकर अच्छी तरह मिलाएं.
- ठंडा होने के लिए अलग रख दें. मिश्रण के सोलह समान भाग करें और उनके पेड़े बना लें.
- बादाम के टुकड़ों से सजाएं. इन पेड़ों को जमने के लिए पूरा एक दिन लगता है. जमने के बाद खाने को दें.

चॉकलेट सभी मिठाइयों
को अपने रंग में रंग लेता है.
आप ये पेड़े खाते चले जाएंगे.

मावा मोदक

16 मोदक/400 ग्राम मोदक बनेंगे

सामग्री

2 कप + 1 बड़ा चम्मच (375 ग्राम) खोया/मावा

½ कप (125 ग्राम) शक्कर

1 छोटा चम्मच लिक्विड ग्लूकोज़

चुटकीभर हरी इलायची का पाउडर

विधि

- एक बड़ी नॉन-स्टिक कड़ाही में खोया और शक्कर को धीमी आँच पर लगातार चलाते हुए पकाएं. जब शक्कर पूरी तरह से घुल जाए और खोया पिघलने लगे तब उसमें लिक्विड ग्लूकोज़ मिलाएं.
- लगातार चलाते हुए लगभग बीस मिनट तक या मिश्रण गाढ़ा होकर कड़ाही के किनारे छोड़ने लगे तब तक पकाएं.
- इलायची पाउडर डालकर, अच्छी तरह मिलाएं. आँच पर से उतारकर ठंडा होने के लिए अलग रख दें.
- मिश्रण के सोलह समान भाग करें और हाथों से इनके मोदक बना लें या फिर आप मोदक बनाने के साँचे से भी मोदक बना सकते हैं.

गणेशजी को पसंद आने वाले
मोदक के आकार की मावे
की मिठाई! इस बार गणेश चतुर्थी
पर इसी का भोग लगाएं.

राघवदास लाड्डू

25 लड्डू/700 ग्राम लड्डू बनेंगे

सामग्री

½ कप कद्दूकस किया हुआ नारियल

1½ कप (300 ग्राम) बारीक रवा

⅜ कप (75 मिली) देसी घी

1½ कप (375 ग्राम) शक्कर

1 बड़ा चम्मच दूध

½ छोटा चम्मच हरी इलायची का पाउडर

2–3 बड़े चम्मच किशमिश

विधि

- एक नॉन-स्टिक कड़ाही में मध्यम आँच पर कद्दूकस किए हुए नारियल को छः मिनट तक या लाल भूरा होने तक भूनें. एक बाउल में निकालकर अलग रख दें.
- इसी कड़ाही में घी डालें. रवा डालें और लगातार चलाते हुए पंद्रह मिनट तक या हल्का भूरा होने तक इसे सेंके.
- कड़ाही को आँच पर से उतार लें और इसमें कद्दूकस किया हुआ नारियल डालकर अच्छी तरह मिला लें.
- इलायची पाउडर डालें और अच्छी तरह मिलाएं. थोड़ी किशमिश सजाने के लिए बचाकर रखें और बाकी किशमिश इसमें डालकर अच्छी तरह मिलाएं.

- एक दूसरे नॉन-स्टिक पैन में शक्कर को पौन कप पानी के साथ शक्कर घुलने तक पकाएं.
- दूध डालें और ऊपर उठने वाले झाग को कड़छी की सहायता से निकालकर अलग कर दें ताकि चाशनी साफ हो जाए.
- एक तार की चाशनी (पृष्ठ क्र. 95 पर देखें) बनाएं. इसमें रवे और नारियल का मिश्रण डालें और अच्छी तरह मिलाएं. ढककर पंद्रह मिनट तक ऐसे ही रहने दें, ताकि मिश्रण थोड़ा ठंडा हो जाए.
- हथेलियों पर थोड़ा सा घी लगाएं और इस मिश्रण के एक समान 25 लड्डू बना लें.
- प्रत्येक लड्डू पर एक किशमिश लगाएं. जब लड्डू पूरी तरह ठंडे हो जाएं तब इन्हें हवाबंद डिब्बे में भर कर रखें.

नोट: इन लड्डुओं में नारियल होता है, इसलिए इन्हें जितनी जल्दी हो सके उतनी जल्दी खाकर खत्म कर दें.

गणेश चतुर्थी के समय गणेशजी को इन लड्डुओं का भोग लगाया जाता है. ये फटाफट बन जाते हैं और इन्हें बनाना बहुत ही आसान है. इन्हें भरकर रखने में भी कोई कठिनाई नहीं आती, हाँ अगर भरने के लिए बचें तो!

तिल के लड्डू

30 लड्डू/450 ग्राम लड्डू बनेंगे

सामग्री

¾ कप (120 ग्राम) सफेद तिल

½ कप कद्दूकस किया हुआ खोपरा

¼ कप (35 ग्राम) भूने हुए चने (छिलका निकालकर) अलग-अलग किए हुए

¼ कप (30 ग्राम) मूँगफली दाने, सेंककर, दरदरी पाउडर की हुई

चुटकीभर हरी इलायची का पाउडर

½ कप (125 ग्राम) गुड़ (चिक्की गुड़) कद्दूकस किया हुआ

1 बड़ा चम्मच घी

विधि

- एक नॉन-स्टिक पैन में धीमी आँच पर तिल को हल्का भूरा होने तक भून लें. पैन में से निकालकर बाउल में ठंडे होने के लिए अलग रख दें.
- इसी पैन में खोपरे को भी धीमी आँच पर हल्का भूरा होने तक भून लें. फिर इसे तिलवाले बाउल में डालें और मिला लें.
- इसमें भूने हुए चने और मूँगफली डालें और अच्छी तरह मिलाएं. इलायची पाउडर डालकर मिलाएं. मिश्रण को गरम ही रखें.
- एक नॉन-स्टिक पैन में घी गरम करें. गुड़ डालें और नरम गुठली की चाशनी बनने तक (पृष्ठ क्र. 95 पर देखें) पकाएं.

- अब इसमें तिल का मिश्रण डालें और अच्छी तरह मिलाएं. मिश्रण के तीस समान भाग कर लें और इनके लड्डू बना लें. मिश्रण जब गरम हो तभी इसके लड्डू बना लें.
- लड्डुओं को पूरी तरह ठंडा होने दें और फिर इन्हें हवाबंद डिब्बे में भरकर रखें.

नोट: मिश्रण जब गरम हो तभी लड्डू बना लें, क्योंकि मिश्रण के ठंडे होने पर वह जमकर कड़क हो जाएगा. तिल के लड्डू कुरकुरे और थोड़े कड़क होते हैं. आप इन्हें हवाबंद डिब्बे में पंद्रह या उससे भी ज़्यादा दिनों तक रख सकते हैं.

'तिलगुल घ्या, गोड गोड बोला' – इसका अर्थ है
तिल के ये मीठे-मीठे लड्डू खाइए, अपना मुँह मीठा कीजिए और
वाणी में भी मिठास लाइए. महाराष्ट्र में मकर संक्रांति के
अवसर पर यह लड्डू खास तौर पर बनाए जाते हैं.

चोको-कोकोनट लड्डू

550 ग्राम लड्डू बनेंगे

सामग्री

1 कप कद्दूकस किया हुआ चॉकलेट

2½ कप खोपरा बूरा

½ कप बादाम, कटे हुए

¼ कप अखरोट, चूरा किए हुए

¼ कप पिस्ता, दरदरे पीसे हुए

3 बड़े चम्मच स्वीटन्ड कंडेन्स्ड मिल्क

विधि

- एक बाउल में दो कप खोपरा बूरा लें. इसमें बादाम, अखरोट और पिस्ते डालकर अच्छी तरह मिलाएं और एक तरफ रख दें.
- एक माइक्रोवेव सेफ बाउल में चॉकलेट लें और उसे माइक्रोवेव हाई (100%) पर एक मिनट तक पिघलाएं.
- इसे माइक्रोवेव में से निकालें और फिर चिकना होने तक फेंटे. इसे खोपरा बूरा के मिश्रण में मिला दें.
- कंडेन्स्ड मिल्क डालें और अच्छी तरह मिलाएं. इसके छोटे-छोटे गोले बनाएं. इन गोलों को बचे हुए खोपरे बूरे में लपेट लें और फिर सर्विंग प्लेट में रखें.
- लड्डुओं को हवाबंद डिब्बे में भरकर फ्रिज में रखें.

बटन दबाते ही झटपट प्लेट भर के तैयार हो जाने वाले ये चोको-कोकोनट लड्डू बच्चों की पहली पसंद है.

बादाम कतली

375 ग्राम कतली बनेगी

सामग्री

250 ग्राम बादाम

¾ कप (190 ग्राम) शक्कर

1 बड़ा चम्मच दूध

1¼ छोटा चम्मच लिक्विड ग्लूकोज़

1–2 चाँदी के वरक़ (पृष्ठ क्र. 95 पर देखें)

विधि

- दो कप उबलते पानी में बादाम डालें और पाँच मिनट तक रहने दें. निकालें, छीलें और एक किचन टॉवेल पर फैलाकर सूखा लें.
- एक नॉन–स्टिक फ्राइंग पैन में या तवे पर बादाम को सात मिनट तक या हल्के भूरे होकर खुशबू उठने तक सूखा भून लें. ठंडा करें और फिर मिक्सर में पीसकर बारीक पाउडर बना लें. आपको कतली बनाने के लिए 190 ग्राम बादाम पाउडर लगेगा.
- एक दूसरे नॉन–स्टिक पैन में शक्कर लेकर उसमें पौन कप पानी डालें. लगातार चलाते हुए शक्कर घुलने तक पकाएं.
- दूध डालें और ऊपर उठने वाले झाग को कड़छी की सहायता से निकालकर अलग कर दें ताकि चाशनी साफ हो जाए.
- कड़क गुठली (पृष्ठ क्र. 95 पर देखें) की चाशनी तैयार कर लें. पैन को आँच पर से उतार लें.

- अब इसमें बादाम का पाउडर और लिक्विड ग्लूकोज़ डालें. तब तक मिलाते रहें जब तक कि मिश्रण चिकना व नरम न हो जाए.
- मिश्रण को किसी समतल सतह या बर्तन में उंडेल दें और फैला दें ताकि वो थोड़ा ठंडा हो जाए. अपने हाथों से गूंधकर इसका एक बड़ा गोला बना लें.
- किचन प्लेटफॉर्म पर घी लगाएं. मिश्रण के गोले को इस पर रखें और फिर बेलन से इसका पाव इंच मोटा चौकोर या आयत बेल लें.
- इसकी ऊपरी सतह को बटर पेपर से रगड़ लें ताकि वह चिकनी हो जाए और चाँदी का वरक़ उस पर आसानी से चिपक जाए. शकरपारे के आकार में काटकर खाने को दें.

चांदी के वरक़ में लपेटी हुई ये
पीली शकरपारे के आकार की कतलियाँ
मेरे पिताजी की सबसे पसंदीदा मिठाई थी.

पिस्ता कतली

20 पिस्ता कतली/960 ग्राम कतली बनेगी

सामग्री

$4\frac{1}{6}$ कप (लगभग 500 ग्राम) पिस्ता पाउडर

$1\frac{1}{3}$ कप (335 ग्राम) शक्कर

1 बड़ा चम्मच दूध

2 बड़े चम्मच लिक्विड ग्लूकोज़

$1\frac{1}{2}$ बड़े चम्मच घी

चाँदी का वरक़ आवश्यकतानुसार
(पृष्ठ क्र. 95 पर देखें)

विधि

- एक गहरे नॉन-स्टिक पैन में शक्कर लेकर उसमें एक + एक तिहाई कप पानी डालें और इसे चलाते हुए शक्कर घुलने तक पकाएं.
- दूध डालें और ऊपर की ओर उठने वाले झाग (गंदगी) को कड़छी की सहायता से निकालकर अलग कर दें ताकि चाशनी साफ हो जाए.
- मध्यम आँच पर लगभग बारह मिनट तक या कड़क गुठली की चाशनी (पृष्ठ क्र. 95 पर देखें) बनने तक उबालते रहें.
- अब इसमें लिक्विड ग्लूकोज़ और घी डालें. पैन को आँच पर से उतार लें और फिर इसमें पिस्ता पाउडर डालकर तेजी से चलाएं. गूंधकर नरम मिश्रण तैयार कर लें.
- 10 × 8 इंच की एक एल्युमिनियम ट्रे में घी लगाएं और उसमें यह मिश्रण समान रूप से फैला दें. बटर पेपर से ऊपरी सतह को रगड़कर चिकना कर लें.

- चाँदी का वरक़ लगाएं और फिर इसकी शकरपारे के आकार की बीस कतलियाँ काट लें.
- ठंडी होने पर इसे हवाबंद डिब्बे में भरकर रखें.

पिस्ता कतली का स्वाद पारंपरिक काजू कतली से अधिक शाही होता है.
पिस्ता कतली अब काफी लोकप्रिय हो चुकी है.

काजू-पिस्ता-बादाम-केसर बर्फ़ी

440 ग्राम बर्फ़ी बनेगी

सामग्री

10 काजू, दरदरे पाउडर किए हुए

10 पिस्ते, दरदरे पाउडर किए हुए

10 बादाम, दरदरे पाउडर किए हुए

थोड़ा सा केसर

2 कप + 1 बड़ा चम्मच (375 ग्राम) खोया/मावा

½ कप (125 ग्राम) शक्कर

1 छोटा चम्मच लिक्विड ग्लूकोज़

घी, लगाने के लिए

विधि

- एक बड़े चम्मच गरम पानी में केसर भिगोएं और अलग रख दें.
- एक नॉन-स्टिक पैन गरम करें. इसमें खोया, शक्कर और ग्लूकोज़ डालें और पंद्रह मिनट तक या खोया पैन के किनारे छोड़ने लगे तब तक पकाएं. आँच पर से उतार लें और फिर चार समान भाग कर लें.
- एक भाग में काजू पाउडर, दूसरे भाग में बादाम पाउडर, तीसरे भाग में पिस्ता पाउडर और चौथे भाग में केसर मिलाएं. प्रत्येक भाग को अच्छी तरह मिला लें.
- छः इंच चौकोर और दो इंच गहरी एक एल्युमिनियम ट्रे पर थोड़ा सा घी लगा लें. प्रत्येक भाग के फिर से चार हिस्से कर लें और उन्हें बेलन का आकार दे दें.
- अब इन बेलनों (सिलिंडरों) को ट्रे में बायीं से दायीं ओर क्रमशः काजू, बादाम, पिस्ता और फिर केसर इस क्रम में रखें. इस प्रकार एक परत तैयार हो जाएगी.
- दूसरी परत बनाने के लिए फिर से बायीं से दायीं ओर क्रमशः केसर, पिस्ता, बादाम और काजू इस क्रम में रखें. तीसरी परत पहली परत की तरह और चौथी परत दूसरी परत की तरह बनाएं.
- ट्रे को किचन प्लेटफॉर्म पर हल्के हाथों से थपथपाएं और जमने के लिए एक तरफ रख दें. इसके चौकोर टुकड़े काट लें और खाने को दें.

सूखे मेवों से बनी शाही मिठाई! सूखे मेवों और केसर के स्वाद वाली यह मिठाई चखने पर आप यह महसूस करेंगे कि अच्छी चीज़ों से बनी मिठाई कितनी स्वादिष्ट हो सकती है.

काजू-पिस्ता रोल

600 ग्राम रोल बनेंगे

सामग्री

2 कप (250 ग्राम) काजू पाउडर

1 कप (125 ग्राम) पिस्ता

1⅖ कप (250 ग्राम) खोया/मावा

1⅓ कप (165 ग्राम) पीसी हुई शक्कर

¼ छोटा चम्मच हरी इलायची का पाउडर

2 चाँदी के वरक़ (पृष्ठ क्रमांक 95 पर देखें)

विधि

- दो कप गरम पानी में पिस्तों को पाँच मिनट तक डुबोकर रखें. निथारें और छीलकर उनका दरदरा पाउडर बना लें.
- एक नॉन-स्टिक पैन में खोया को लगातार चलाते हुए लगभग दस मिनट तक पकाएं.
- ठंडा होने के लिए अलग रख दें. काजू पाउडर और पीसी हुई शक्कर डालें और गूंधकर चिकना मिश्रण बना लें.
- पिस्ता मिश्रण का आधा भाग लें और उसका पाँच इंच लंबा बेलन बना लें.
- इसे काजू के मिश्रण से बने आयत के एक छोर पर रखें और फिर काजू के आयत को रोल कर दें.
- इस प्रकार पिस्ते के बेलन पर काजू के मिश्रण की परत चढ़ जाएगी.

- काजू के बचे हुए दूसरे आधे भाग और बचे हुए पिस्ता बेलन से इसी प्रकार का एक और रोल तैयार कर लें.
- इन दोनों रोल पर हल्के हाथों से चाँदी का वरक़ लगाएं. फिर इनके दो इंच के टुकड़े काट लें और खाने को दें.

दो अलग-अलग स्वादों वाला एक बड़ा रोल! इस रोल में दोनों स्वाद इतनी अच्छी तरह लपेटे होते हैं कि उनको अलग नहीं किया जा सकता है. ये रोल खाने में जितने स्वादिष्ट और मीठे होते हैं दिखने में भी उतने ही सुंदर व आकर्षक होते हैं.

छेना मुरकी

300 ग्राम मिठाई बनेगी

सामग्री

250 ग्राम पनीर, ½ इंच के टुकड़े किए हुए

1 कप (250 ग्राम) शक्कर

1 बड़ा चम्मच दूध

2-3 बूंदें केवड़े का एसेन्स

आइसिंग शुगर, छिड़कने के लिए

विधि

- चाशनी बनाने के लिए शक्कर में एक कप पानी डालें और लगातार चलाते हुए शक्कर घुलने तक पकाएं.
- दूध डालें और ऊपर उठने वाले झाग को कड़छी की सहायता से निकालकर अलग कर दें ताकि चाशनी साफ हो जाए.
- एक तार की चाशनी (पृष्ठ क्र. 95 पर देखें) बना लें.
- अब इसमें पनीर के टुकड़े डालें और तब तक पकाएं जब तक कि टुकड़ों पर चाशनी अच्छी तरह चढ़ न जाए.
- आँच पर से उतार लें और केवड़े का एसेन्स डालकर अच्छी तरह मिलाएं.
- पैन को गोल-गोल घुमाते रहें ताकि पनीर के टुकड़ों पर चाशनी की मोटी परत चढ़ जाए और पनीर के टुकड़े एक-दूसरे से अलग-अलग हो जाएं.
- सर्विंग प्लेट में निकालें और फिर इनके ऊपर बहुत सारी आइसिंग शुगर छिड़कें.

चाशनी की मोटी परत चढ़े हुए
पनीर के टुकड़ों की बंगाली मिठाई!

चम-चम

25 चम-चम बनेगी

सामग्री

छेना

10 कप (2 लीटर) गाय का दूध

8 छोटे चम्मच (40 मिली) व्हाइट विनेगर

1 बड़ा चम्मच मैदा

½ छोटा चम्मच कॉर्नफ्लॉर

चाशनी

4⅘ कप (1.2 किग्रा) शक्कर

2 बड़े चम्मच दूध

टॉपिंग

2 बड़े चम्मच (40 ग्राम) खोया/मावा

1 छोटा चम्मच गुलाब जल

3-4 केसर के रेशे

1 बड़ा चम्मच चाशनी

चुटकीभर या कुछ बूंदें, खाने का पीला रंग

विधि

- तेज आँच पर दूध उबालें. थोड़ा ठंडा ($77^0C/170^0F$) होने के लिए एक तरफ रख दें. पौन कप पानी में विनेगर मिलाएं और फिर इसे गरम दूध में डाल दें.
- दूध फटने तक हल्के हाथों से हिलाते रहें. तीन से चार कप ठंडा पानी और थोड़े बर्फ के टुकड़े डालें और फिर से हिला लें. मलमल के कपड़े से छान लें और निचोड़कर सारा पानी निकाल दें. 250 ग्राम छेना बनेगा. छेने को किचन प्लेटफॉर्म पर रखें. आधे छोटे

चम्मच मैदे और कॉर्नफ्लॉर को मिलाएं और फिर उसे छेने में डालें. गूंधकर चिकना मिश्रण तैयार कर लें.

- मिश्रण के पच्चीस समान भाग कर लें और इनके चिकने लंबे गोले बना लें. इन गोलों पर दरार नहीं होनी चाहिए. अंगुली से दबाकर इन पर एक छोटा गड्ढा बनाएं और फिर इन्हें एक तरफ रख दें. बचे हुए मैदे को आधे कप पानी में घोलें और एक तरफ रख दें.
- चाशनी बनाने के लिए शक्कर में पाँच कप पानी डालें और लगातार चलाते हुए शक्कर पूरी तरह घुलने तक पकाएं. दूध डालें और चाशनी में एक उबाल आने दें. ऊपर उठने वाले झाग को कड़छी की सहायता से निकालकर अलग कर दें ताकि चाशनी साफ हो जाए. चाशनी को और कुछ मिनट तक पकाएं. चाशनी को एक बाउल में छान लें.
- एक कप चाशनी को एक चौड़े नॉन-स्टिक पैन में डालें और फिर उसमें चार से पाँच कप पानी डालें. जब चाशनी में उबाल आने लगे तब उसमें छेने के रोल्स डालें और मैदे का आधा मिश्रण डालें. चाशनी में झाग बनने लगेगा. छेने के रोल्स को चाशनी में पकने दें. चलाएं नहीं परंतु चाशनी को हल्के हाथों से हिलाएं ताकि रोल्स पैन की तली में चिपके नहीं.
- हर पाँच मिनट के बाद पैन के किनारे से धीरे-धीरे आधा कप पानी पैन में डालें. इससे चाशनी गाढ़ी नहीं होगी और उसमें तार नहीं बनेंगे. पंद्रह मिनट तक या रोल्स को दबाकर छोड़ने पर फिर पहले के आकार में आ जाने तक पकाएं. रोल्स को निथारें और फिर उन्हें बचाकर रखी हुई चाशनी में डुबो दें.
- कम से कम दो घंटे तक ठंडा करें ताकि छेने के रोल्स में चाशनी अंदर तक चली जाए. टॉपिंग बनाने के लिए खोया को गुलाब जल, केसर, चाशनी और पीले रंग के साथ तब तक पकाएं जब तक की वह जैम की तरह गाढ़ा न हो जाए. छेने के रोल्स को चाशनी में से निकालकर सर्विंग प्लेट में रखें. रोल्स के ऊपर के गड्ढों में मावे का मिश्रण भरें और तुरंत खाने को दें.

यह बंगाली लोगों की खास मिठाई है. बंगाली लोग छेने से ही मिठाइयाँ बनाते हैं. छेने के बने स्पंजी रोल्स और ऊपर से क्रीमी खोया की टॉपिंग क्या इससे सुंदर और स्वादिष्ट और कुछ हो सकता है.

रसगुल्ला

25 रसगुल्ले/1.25 किग्रा. रसगुल्ले बनेंगे

सामग्री

छेना

10 कप (2 लीटर) गाय का दूध

8 छोटे चम्मच (40 मिली) व्हाइट विनेगर

1 बड़ा चम्मच मैदा

½ छोटा चम्मच कॉर्नफ्लॉर

चाशनी

$4\frac{4}{5}$ कप (1.2 किग्रा) शक्कर

2 बड़े चम्मच दूध

विधि

- छेना बनाने के लिए तेज आँच पर दूध में एक उबाल लाएं. फिर थोड़ा ठंडा ($77^0C/170^0F$) होने के लिए एक तरफ रख दें.
- पौन कप पानी में विनेगर मिलाएं और फिर इसे गरम दूध में डालें. हल्के हाथों से हिलाएं ताकि दूध फट जाए. अब इसमें तीन से चार कप पानी और थोड़े बर्फ़ के टुकड़े डालें और अच्छी तरह हिला लें.
- छेने को मलमल के कपड़े से छान लें और निचोड़कर सारा पानी निकाल दें. 250 ग्राम छेना बनेगा. छेने को किचन प्लेटफॉर्म पर रखें. आधे छोटे चम्मच मैदे और कॉर्नफ्लॉर को मिलाकर इसे छेने में डालें.
- दबाते हुए अच्छी तरह गूंधे ताकि चिकना मिश्रण तैयार हो जाए. अब इसके पच्चीस समान भाग (प्रत्येक भाग

10 ग्राम का) कर लें और फिर इनके गोले बना लें. इन गोलों पर दरार नहीं होनी चाहिए. बचे हुए मैदे को आधा कप पानी में घोलें और एक तरफ रख दें.

- चाशनी बनाने के लिए शक्कर में पाँच कप पानी डालें और लगातार चलाते हुए शक्कर घुलने तक पकाएं. दूध डालें और चाशनी में उबाल आने दें.
- ऊपर उठने वाले झाग को कड़छी की सहायता से निकालकर अलग कर दें. चाशनी को कुछ और मिनटों तक उबालते रहें. चाशनी को छानकर एक बाउल में निकाल लें.
- एक गहरे व चौड़े पैन में एक कप चाशनी और चार से पाँच कप पानी डालें. जब चाशनी उबलने लगे तब इसमें छेने के गोले डाल दें. अब इसमें मैदे का आधा मिश्रण डाल दें.
- चाशनी में झाग बनने लगेगा. चाशनी को हल्के हाथों से हिलाएं ताकि छेने के गोले पैन की तली में चिपके नहीं.
- हर पाँच मिनट के बाद पैन के किनारे से आधा कप पानी पैन में डालते रहें. इससे चाशनी गाढ़ी नहीं होगी.
- लगभग पंद्रह मिनट तक पकाएं. गोले को दबाकर छोड़ने पर यदि वो फूलकर अपने पुराने आकार में आ जाए तो समझें कि छेने के गोले अच्छी तरह पक गए हैं.
- छेद वाले चम्मच की सहायता से छेने के गोलों को निकालें और फिर उन्हें बचाकर रखी हुई चाशनी में डाल दें.
- कम से कम दो घंटे तक ठंडा करें ताकि चाशनी रसगुल्ले में अंदर तक चली जाए. उसके बाद खाने को दें.

नोट: मिनी (छोटे) रसगुल्ले बनाने के लिए छेने के मिश्रण की एकदम छोटी–छोटी गोलियां बनाएं.

संदेश

12 संदेश/350 ग्राम संदेश बनेगा

सामग्री

8 कप (1.6 लीटर) दूध

¼ कप नींबू का रस

½ कप (65 ग्राम) केस्टर शुगर

हरी इलायची का पाउडर

12 पिस्ते, ब्लांच करके बारीक काटे हुए

विधि

- एक गहरे व भारी पेंदे वाले नॉन-स्टिक पैन में दूध को उबालें. उसमें नींबू का रस डालें और तब तक चलाते रहें जब तक कि दूध पूरी तरह फट न जाए. छेने को छान लें और उसे तुरंत ठंडे पानी में डालें.
- छेने को मलमल के कपड़े में बांधें और निचोड़कर सारा पानी निकाल दें. छेने को हाथों से अच्छी तरह गूंध लें. इसमें केस्टर शुगर और इलायची पाउडर डालकर फिर से अच्छी तरह गूंध लें. एक नॉन-स्टिक पैन में मध्यम आँच पर इस मिश्रण को आठ मिनट तक पकाएं.
- आँच पर से उतार लें और बारह समान भाग कर लें. प्रत्येक भाग का गोला बना लें और गोले के ऊपरी भाग को दबाकर उसमें एक छोटा-सा गड्ढा बनाएं. जब गोले ठंडे हो जाएं तब इन गड्ढों में पिस्ता भर दें और फिर खाने को दें.

बंगाली लोग अपनी मिश्टी और मुँह में घुल जाने वाले शोंदेश से बहुत प्यार करते हैं. संदेश बंगाली मिठाइयों की शान है.

खीर कदम

16 खीर कदम/400 ग्राम
खीर कदम बनेगा

सामग्री

16 मिनी (छोटे) रसगुल्ले (पृष्ठ क्र. 46 देखें)

2 कप + 3 बड़े चम्मच (420 ग्राम) खोया/मावा

4 बड़े चम्मच पीसी हुई शक्कर

½ छोटा चम्मच गुलाब का एसेन्स

विधि

- मिनी रसगुल्लों को निचोड़ लें ताकि उनमें से अतिरिक्त चाशनी निकल जाए. दो कप खोया को एकदम बारीक कद्दूकस कर लें.
- इसमें पीसी हुई शक्कर मिलाएं और गूंधकर चिकना मिश्रण तैयार कर लें.
- तेज आँच पर एक नॉन-स्टिक फ्राइंग पैन रखें, इसमें खोया और शक्कर का मिश्रण डालें और पाँच मिनट तक चलाएं.
- फिर एक बाउल में निकाल लें और ठंडा होने के लिए अलग रख दें. ठंडा हो जाने के बाद इसमें गुलाब का एसेन्स मिलाएं और फिर से अच्छी तरह गूंध लें.
- खोया के मिश्रण के सोलह समान भाग कर लें और उनके गोले बना लें. अपने अंगूठे से इन गोलों के बीच में छोटा गड्ढा बनाएं. किनारों को थोड़ा पतला करें और फिर इस गड्ढे में एक छोटा (मिनी) रसगुल्ला रख दें.
- रसगुल्ले को खोया के मिश्रण से अच्छी तरह ढक दें. रसगुल्ला खोया के मिश्रण के अंदर छुप जाना चाहिए.

- हथेलियों के बीच रखकर फिर से इसे गोल आकार दे दें. बचे हुए खोया को पीसकर उसका पाउडर बना लें.
- खोया के गोलों को इस खोया पाउडर में लपेट लें. ठंडा करने के लिए इन्हें फ्रिज में रख दें. इन्हें ठंडे ही परोसें.

एक मिठाई में छुपी दूसरी मिठाई! मेहमानों को सरप्राइज़ करने का यह तरीका बड़ा दिलचस्प है.

रसमलाई

25 रसमलाई/1.75 किलो रसमलाई बनेगी

सामग्री

छेना

10 कप (2 लीटर) गाय का दूध

8 छोटे चम्मच (40 मिली) व्हाइट विनेगर

1 बड़ा चम्मच मैदा

½ छोटा चम्मच कॉर्नफ्लॉर

चाशनी

4⅘ कप (1.2 किलो) शक्कर

2 बड़े चम्मच दूध

रबड़ी

10 कप (2 लीटर) दूध

6 बड़े चम्मच (90 ग्राम) शक्कर

थोड़ा सा केसर

विधि

- छेना बनाने के लिए तेज आँच पर दूध उबाल लें. फिर उसे थोड़ा ठंडा (77^0C/170^0F) होने के लिए अलग रख दें.
- पौने दो कप पानी में विनेगर मिलाएं और फिर इसे गरम दूध में डाल दें. हल्के हाथों से हिलाएं ताकि दूध पूरी तरह फट जाए.
- फिर इसमें तीन से चार कप पानी और थोड़े बर्फ के टुकड़े डालकर अच्छी तरह हिलाएं. मलमल के कपड़े से छानकर छेना अलग कर लें और फिर निचोड़कर सारा पानी निकाल दें. 250 ग्राम छेना बनेगा.
- छेने को वर्कटॉप पर रखें. आधे छोटे चम्मच मैदे और कॉर्नफ्लॉर को मिलाएं और फिर छेने में डालें.
- हाथों से अच्छी तरह गूंध लें जब तक कि मिश्रण चिकना ना हो जाए. इसके पच्चीस समान भाग करके इनके गोले बना लें.
- फिर गोलों को हल्के से दबाकर पेटिस बना लें. इनमें कहीं भी दरार नहीं होनी चाहिए. ये चिकनी होनी चाहिए. बचे हुए मैदे को आधा कप पानी में घोलकर एक तरफ रख दें.
- चाशनी बनाने के लिए शक्कर को पाँच कप पानी के साथ लगातार चलाते हुए शक्कर पूरी तरह घुलने तक पकाएं. दूध डालें और चाशनी में एक उबाल आने दें.
- चाशनी के ऊपर उठनेवाले झाग को कड़छी की सहायता से निकालकर अलग कर दें ताकि चाशनी साफ हो जाए. चाशनी को कुछ मिनट और उबलने दें. चाशनी को छानकर एक बाउल में निकाल लें.

- एक कप चाशनी को एक गहरे व चौड़े नॉन-स्टिक पैन में डालें, बाकी की चाशनी को बाउल में ही रहने दें. पैन में चार से पाँच कप पानी भी डालें.
- जब चाशनी उबलने लगे तब इसमें छेने के पेटिस डालें. फिर इसमें मैदे का आधा घोल डालें. चाशनी में बुलबुले उठने लगेंगे.
- चाशनी को हल्के हाथों से हिलाते रहें ताकि छेने के पेटिस पैन की तली में चिपके नहीं. हर पाँच मिनट के बाद पैन के किनारे से सटाकर पैन में आधा कप पानी धीरे-धीरे डालें. इससे चाशनी गाढ़ी नहीं होगी. लगभग पंद्रह मिनट तक पकाएं.
- छेने के पेटिस को दबाकर छोड़ने पर यदि वह फूलकर अपने पहले के आकार में आ जाए तो समझें कि छेने के पेटिस पूरी तरह पक गए हैं. छेद वाले चम्मच की सहायता से छेने के पेटिस को चाशनी में से निकालें और फिर अलग रखी चाशनी में डाल दें.
- रबड़ी बनाने के लिए भारी पेंदे वाले गहरे नॉन-स्टिक पैन में दूध को तेज आँच पर एक उबाल आने तक पकाएं.
- आँच कम करें और मध्यम आँच पर लगातार चलाते हुए दूध को तीन चौथाई होने तक उबलने दें. पैन के किनारों पर इकट्ठी होने वाली मलाई को खरोंच कर निकालें और फिर से दूध में डाल दें.
- शक्कर और केसर डालकर और कुछ मिनट तक पकाएं. फिर इसे एक गहरे बाउल में निकाल लें. छेने के पेटिस को चाशनी में से निकालें और हल्के हाथों से दबाकर अतिरिक्त चाशनी निकाल दें.
- अब छेने के पेटिस को रबड़ी के बाउल में डाल दें. इन्हें कम से कम दो घंटे तक ठंडा होने दें ताकि छेने के पेटिस रबड़ी में अच्छी तरह डूब जाएं.

मुँह में रखते ही यह मिठाई घुल जाती है. अब आप जब चाहें तब यह ठंडी और स्वादिष्ट मिठाई खा सकते हैं.

केसरी इन्द्रायणी

1.25 किलो केसरी इन्द्रायणी बनेगी

सामग्री

थोड़ा सा केसर
20–25 मिनी (छोटे) रसगुल्ले (पृष्ठ क्र. 46 देखें)
7½ कप (1½ लीटर) फुल क्रीम दूध
1 कप (200 मिली) ताज़ा क्रीम
¾ कप (185 ग्राम) शक्कर
½ कप अनार के ताज़े दाने
½ कप (90 ग्राम) खोया/मावा, कद्दूकस किया हुआ
8–10 पिस्ते, ब्लांच करके छीलकर टुकड़े किए हुए
½ कप बादाम, ब्लांच करके छीले हुए

विधि

- एक नॉन-स्टिक पैन में दूध उबालें, आँच कम करें और दूध को आधा होने तक उबालते रहें. फिर इसमें क्रीम, शक्कर और केसर डालें और शक्कर घुलने तक पकाएं. रसगुल्लों को दबाकर अतिरिक्त चाशनी निकाल दें और उन्हें एक बाउल में रख दें.
- अब इन रसगुल्लों के ऊपर दूध व क्रीम का मिश्रण उंडेल दें और ठंडा होने के लिए एक तरफ रख दें. जब यह पूरी तरह ठंडा हो जाए तब इसे और ठंडा करने के लिए फ्रिज में रख दें.
- परोसते वक्त इन रसगुल्लों को छोटे-छोटे बाउल में निकाल लें. फिर इन पर अनार के दाने, कद्दूकस किया हुआ खोया और पिस्ता व काजू के टुकड़े डालें.

केसर के स्वाद वाले गाढ़े और क्रीमी दूध में भिगोए हुए छोटे-छोटे रसगुल्ले! यह हमारे रेस्टॉरेंट के मैन्यू में सबसे ज्यादा पसंद की जाने वाली मिठाई है. यह आप की आँखों और जीभ दोनों के लिए एक जादू की तरह है.

केसरी श्रीखंड

500 ग्राम श्रीखंड बनेगा

सामग्री

एक बड़ी चुटकी केसर

1 किलो दही

⅓ कप शुगर सब्स्टिट्यूट (सुक्रालोज़)

2 बड़े चम्मच गरम दूध

छोटी चुटकी जायफल पाउडर

¼ छोटा चम्मच हरी इलायची का पाउडर

5-6 बादाम, ब्लांच करके, छीलकर टुकड़े किए हुए

8-10 पिस्ते, ब्लांच करके छीलकर टुकड़े किए हुए

विधि

- दही को मलमल के कपड़े में बांधें और उसे रातभर फ्रिज में लटका कर रखें. उसके नीचे एक बाउल रखें ताकि दही का सारा पानी उस बाउल में इकट्ठा हो जाए.
- पानी निकाले हुए दही को एक बाउल में रखें. इसमें शुगर सब्स्टिट्यूट डालें और अच्छी तरह मिलाएं. केसर को गरम दूध में भिगोएं. ठंडा होने पर इसे दही के मिश्रण में डालें और अच्छी तरह मिलाएं.
- जायफल पाउडर और इलायची पाउडर डालकर अच्छी तरह मिलाएं और फिर ठंडा होने के लिए फ्रिज में रख दें. बादाम और पिस्ते से सजाकर ठंडा-ठंडा श्रीखंड खाने को दें.

इस मीठी, मखमली और मलाई वाली मिठाई को भगवान का अमृत कहा जाता है.
एक बार इसे खाकर देखें आपको स्वर्गीय आनंद की अनुभूति होगी.

मावा गुजिया

12 मावा गुजिया/720 ग्राम
गुजिया बनेगी

सामग्री

खोल

1 कप (120 ग्राम) मैदा

3 बड़े चम्मच घी

तेल, तलने के लिए

भरावन

⅔ कप (120 ग्राम) खोया/मावा,
हाथों से चूरा किया हुआ

½ कप (80 ग्राम) कटे हुए
सूखे अंजीर

½ कप (75 ग्राम) कटे हुए व बीज
निकाले हुए खजूर

10 काजू, टुकड़े किए हुए

10 बादाम, टुकड़े किए हुए

10 अखरोट, टुकड़े किए हुए

विधि

- गुजिया का खोल बनाने के लिए पहले मैदे को एक बाउल में छान लें. फिर इसमें घी डालें और अंगुलियों की सहायता से रगड़कर इसे ब्रेडक्रम्ब्स की तरह बना लें.
- फिर इसमें पाव कप + 1 बड़ा चम्मच ठंडा पानी डालें और गूंधकर कड़ा आटा तैयार कर लें.

- मलमल के गीले कपड़े से ढकें और पंद्रह मिनट के लिए अलग रख दें. भरावन बनाने के लिए एक नॉन-स्टिक पैन गरम करें.
- इसमें खोया डालें और तीन मिनट तक या खोया का घी छूटने लगे तब तक भूनें. ठंडा होने के लिए अलग रख दें.
- अंजीर, खजूर, काजू, बादाम और अखरोट को अच्छी तरह मिला लें. इसके बारह समान भाग कर लें.
- आटे के भी बारह समान भाग कर लें और इनके गोले बना लें. प्रत्येक गोले को बेलकर उसकी पूरी बनाएं.
- भरावन का एक भाग पूरी के आधे हिस्से पर रखें. पूरी की किनारे को हल्का-सा गीला कर लें और फिर पूरी के दूसरे आधे हिस्से को मोड़कर भरावन वाले हिस्से के ऊपर रख दें.
- किनारे को दबाकर अच्छी तरह बंद कर दें. अब अंगूठे से किनारों को मरोड़कर चित्र में दिखाए अनुसार पूरे किनारे पर डिज़ाइन बना लें.
- एक नॉन-स्टिक कड़ाही में पर्याप्त मात्रा में तेल गरम करें. एक बार में थोड़ी गुजिया ही कड़ाही के किनारे से सटाते हुए तेल में छोड़ें. इन्हें पाँच-छह मिनट तक या सुनहरी भूरी होने तक तलें.
- निकालकर तेल सोखने वाले कागज़ पर रखें. जब ये पूरी तरह से ठंडी हो जाएं तब इन्हें हवाबंद डिब्बे में भरकर रखें.

अब होली का इंतजार क्यों करें! सूखे मेवों से बनी ये
शुगर फ्री गुजिया आप बड़ी आसानी से कभी भी बना सकते हैं.

मैंगो बर्फ़ी

625 ग्राम बर्फ़ी बनेगी

सामग्री

1 कप मैंगो (आम का) पल्प

10 कप (2 लीटर) भैंस का दूध

¼ छोटा चम्मच फिटकरी, चूरी हुई

4 छोटे चम्मच शुगर सब्स्टिट्यूट (सुक्रालोज़)

½ बड़ा चम्मच देसी घी

20 बादाम, लंबे-पतले टुकड़े किए हुए

विधि

- मैंगो पल्प को नॉन-स्टिक पैन में मध्यम आँच पर लगातार चलाते हुए दस मिनट तक या जब वो आधा हो जाए तब तक पकाएं.
- दूध को एक भारी पेंदे वाले नॉन-स्टिक पैन में लगातार चलाते हुए लगभग आठ मिनट तक या दूध थोड़ा गाढ़ा हो जाने तक पकाएं. फिर इसमें फिटकरी और मैंगो पल्प डालें और लगातार चलाते रहें जब तक कि यह दानेदार न हो जाए.
- बीस मिनट तक पकाते रहें या जब तक मिश्रण सूख कर थोड़ा इकट्ठा न हो जाए तब तक, इसे पकाते रहें.
- शुगर सब्स्टिट्यूट डालें और अच्छी तरह मिलाएं.
- एक 6 × 8 इंच की एल्युमिनियम ट्रे में घी लगाएं.
- मैंगो के मिश्रण को इस ट्रे में उंडेल दें और फैलाकर एक समान कर लें.

- ऊपर से बादाम के टुकड़े डालें. इसे एक घंटे तक ठंडी व सूखी जगह पर जमने के लिए रख दें.
- चौकोर या शकरपारे के आकार में काट लें और खाने को दें.

दूध और आम ले आए! तो चलो फटाफट बर्फ़ी बनाते हैं. फलों के राजा कहे जाने वाले आम का यह मिठाई अवतार आपको ज़रूर पसंद आएगा. अब आप शुगर की चिंता किए बगैर इसका लुत्फ उठा सकते हैं.

स्टीम्ड संदेश

12 संदेश/300 ग्राम संदेश बनेगा

सामग्री

8 कप (1.6 लीटर) दूध

16 कप शुगर सब्स्टिट्यूट (सुक्रालोज़)

¼ कप नींबू का रस

चुटकी भर हरी इलायची का पाउडर

बड़ी चुटकी केसर

1 बड़ा चम्मच गरम दूध

12 पिस्ते, सजाने के लिए

विधि

- एक गहरे नॉन-स्टिक पैन में दूध गरम करें. दूध उबलने पर उसमें नींबू का रस डालें और चलाएं ताकि दूध अच्छी तरह फट जाए.
- छानें और छेने को तुरंत ठंडे पानी में डालें. छेने को मलमल के कपड़े में रखकर दबाएं ताकि सारा पानी निकल जाए. केसर को एक बड़े चम्मच गरम दूध में मिलाएं. छेने को हथेलियों से अच्छी तरह गूंध लें.
- इसमें शुगर सब्स्टिट्यूट, इलायची पाउडर और केसर वाला दूध डालें और फिर से अच्छी तरह गूंध लें.
- इस मिश्रण को स्टीमर में दस मिनट तक पकाएं. जब मिश्रण थोड़ा ठंडा हो जाए तब इसके बारह समान भाग करें और उनके लंबे गोले बना लें.
- ठंडे होने पर पिस्ते से सजाएं और खाने को दें.

यह पारंपरिक बंगाली मिठाइयों का सबसे बढ़िया विकल्प है.
ये संदेश आप कैलोरी की चिंता किए बगैर खा सकते हैं.

खजूर और अखरोट का रोल

175 ग्राम मिठाई बनेगी

सामग्री

100 ग्राम खजूर

50 ग्राम अखरोट

25 ग्राम बादाम

25 ग्राम पिस्ता

25 ग्राम अंजीर

1 बड़ा चम्मच घी

1 बड़ा चम्मच (10 ग्राम) गोंद

1 शीट एल्युमिनियम फॉइल

2 बड़े चम्मच खसखस

विधि

- अखरोट, बादाम और पिस्ते को पहले सूखा भून लें. फिर खजूर, अखरोट, बादाम, पिस्ता और अंजीर को मोटा-मोटा काट लें.
- एक नॉन-स्टिक पैन में घी गरम करें और इसमें गोंद डालें. गोंद के दाने फूल जाने तक गोंद को शैलो-फ्राय करें. पैन में से निकालें और फिर इनका चूरा कर लें.
- पैन में बचे हुए घी को गरम करें. फिर इसमें सभी सूखे मेवे और चूरा किया हुआ गोंद डालें. खुशबू आने तक चलाते रहें. ठंडा होने के लिए अलग रख दें.
- मिश्रण को अच्छी तरह गूंध लें और फिर इसे एल्युमिनियम फॉइल पर एक समान रूप से फैला दें. अब फॉइल की मदद से मिश्रण का रोल बना लें.

- तैयार रोल को लगभग एक घंटे तक फ्रिज में रखें. फॉइल निकाल लें और सूखे मेवे के रोल के एक-एक इंच के टुकड़े कर लें.
- इन टुकड़ों को खसखस में लपेट लें और फिर खाने को दें.

शक्कर जैसी मिठास वाली और सूखे मेवों से बनी
यह मिठाई शक्कर की मिठाइयों का एक बेहतरीन विकल्प है.

ढोडा

750 ग्राम ढोडा बनेगा

सामग्री

10 कप (2 लीटर) दूध

1/8 छोटा चम्मच फिटकरी

3/5 कप (150 ग्राम) शक्कर

2 बड़े चम्मच लिक्विड ग्लूकोज़

2 बड़े चम्मच घी

1/4 कप सूखे मेवे (काजू, बादाम, पिस्ते) टुकड़े किए हुए

विधि

- एक बड़ी नॉन-स्टिक कड़ाही में तेज आँच पर दूध गरम करें.
- उबाल आने पर इसमें फिटकरी और शक्कर मिलाएं और लगातार चलाते हुए लगभग डेढ़ घंटे तक या दूध दानेदार होकर गाढ़ा हो जाने तक पकाएं.
- लिक्विड ग्लूकोज़ डालें और अच्छी तरह मिलाएं. घी डालें और लगातार चलाते हुए कुछ देर और पकाएं जब तक कि मिश्रण कड़ाही के किनारे न छोड़ने लगे.
- इसमें चार बड़े चम्मच पानी छिड़कें और अच्छी तरह मिलाएं. लगातार चलाते हुए मिश्रण भूरा होने तक पकाएं.
- इस मिश्रण को 8 × 10 इंच की घी लगी ट्रे में उंडेल दें. ट्रे को किचन प्लेटफॉर्म पर धीरे-धीरे थपथपाएं, इससे मिश्रण एक समान रूप से ट्रे में फैल जाएगा.
- इसके ऊपर सूखे मेवे डालें और चार-पाँच घंटे तक जमने के लिए अलग रख दें.
- ठंडा होने पर इसके चौकोर टुकड़े काट लें.

यह पंजाब की पारंपरिक मिठाई है. यह मिठाई दूध और शहद से समृद्ध पंजाब प्रदेश का प्रतीक है.

लवंग लतिका

400 ग्राम मिठाई बनेगी

सामग्री

खोल

1 कप मैदा

3 बड़े चम्मच घी + तलने के लिए

12 लौंग

भरावन

3 बड़े चम्मच खोया/मावा

2 बड़े चम्मच सूखे मेवे (काजू और बादाम)

1 बड़ा चम्मच पीसी हुई शक्कर

¼ छोटा चम्मच हरी इलायची का पाउडर

थोड़ा सा केसर

चाशनी

1 कप (250 ग्राम) शक्कर

2 छोटे चम्मच दूध

विधि

- खोल बनाने के लिए एक बाउल में मैदा लें. इसमें घी डालें और अंगुलियों से मैदे को अच्छी तरह रगड़ लें.
- पर्याप्त पानी डालकर आटा गूंध लें. आटे को गीले कपड़े से ढककर थोड़ी देर के लिए एक तरफ रख दें.
- चाशनी बनाने के लिए शक्कर में आधा कप पानी डालें और उसे नॉन-स्टिक पैन में लगातार चलाते

हुए शक्कर घुल जाने तक पकाएं. दूध डालें. ऊपर उठनेवाले झाग को कड़छी की सहायता से निकालकर अलग कर दें. इससे चाशनी साफ हो जाएगी.

- एक तार की चाशनी (पृष्ठ क्र. 95 पर देखें) बना लें. आँच पर से उतारें और गरम ही रहने दें.
- भरावन बनाने के लिए खोया, सूखे मेवे, पीसी हुई शक्कर, इलायची का पाउडर और केसर को एक साथ मिला लें. इस मिश्रण के बारह समान भाग कर लें.
- गूंधे हुए आटे के भी बारह समान भाग करें और उनकी पाँच इंच की पूरियाँ बेल लें.
- पूरी के बीच में भरावन का एक भाग रखें और फिर पूरी के आमने–सामने के भाग को एक के ऊपर एक इस प्रकार मोड़ लें.
- छोरों पर थोड़ा सा पानी लगाएं और अच्छी तरह बंद कर दें. पूरी खुल न जाए इसके लिए इस पर एक लौंग लगा दें.
- एक नॉन–स्टिक कड़ाही में पर्याप्त मात्रा में घी गरम करें और उसमें लवंग लतिका को सुनहरा भूरा होने तक तलें. निकालकर तेल सोखने वाले कागज़ पर रखें.
- फिर इन्हें तीन से चार मिनट तक कुनकुनी चाशनी में डुबोएं. चाशनी में से निकालकर खाने को दें.

यह मिठाई बंगाल की प्रसिद्ध मिठाइयों में से एक है. सूखे मेवों और खोया के भरावन को कुरकुरे कवर में लपेटकर और लौंग से बांधकर चाशनी में डुबोकर बनायी गई यह मीठी पोटली आपको ज़रूर पसंद आएगी.

उकडीचे मोदक

12 मोदक बनेंगे

सामग्री

1½ कप (225 ग्राम)

बासमती चावल का आटा

चुटकीभर नमक

1 छोटा चम्मच तेल + लगाने के लिए

भरावन

1½ कप कद्दूकस किया हुआ नारियल

1 कप (200 ग्राम) कद्दूकस किया हुआ गुड़

1 बड़ा चम्मच भूने हुए खसखस

चुटकीभर हरी इलायची का पाउडर

चुटकीभर जायफल पाउडर

विधि

- एक गहरे नॉन-स्टिक पैन में पाव कप पानी गरम करें. इसमें नमक और एक छोटा चम्मच तेल डालें.
- एक उबाल आने दें. फिर आँच कम कर दें. इसमें चावल का आटा डालें.
- चावल का आटा डालते समय इस बात का ध्यान रखें कि इसे इकट्ठा या थोड़ा-थोड़ा न डालते हुए एक समान प्रवाह में डालें.
- इससे इसकी गुठलियाँ नहीं बनेगी. पैन को एक उथले ढक्कन (प्लेट) से ढक दें. इस पर थोड़ा पानी डालें. धीमी आँच पर तीन मिनट तक पकाएं.
- ढक्कन निकालें और चावल के आटे पर थोड़ा-सा ठंडा पानी छिड़कें. फिर से ढक्कन पर थोड़ा पानी डालें और तीन मिनट तक पकाएं.

- ऐसा दो बार और करें. पैन को आँच पर से उतार लें और दो मिनट तक ढककर रखें.
- इस मिश्रण को एक बड़ी थाली या परात में निकाल लें. हथेलियों पर थोड़ा तेल लगाएं और फिर मिश्रण को गूंधकर चिकना और बेलने लायक बना लें. आटा आपके हाथ में चिपकना नहीं चाहिए. इसे गीले कपड़े से ढककर अलग रख दें.
- भरावन बनाने के लिए एक नॉन-स्टिक पैन लेकर उसमें नारियल और गुड़ को मिलाएं और मध्यम आँच पर एक से दो मिनट तक या सुनहरा भूरा होने तक पकाएं. इस मिश्रण को ज्यादा न पकाएं. अब इसमें खसखस, इलायची पाउडर और जायफल पाउडर डालें और अच्छी तरह मिला लें. आँच पर से उतार लें और ठंडा होने के लिए अलग रख दें. फिर इसके बारह समान भाग कर लें.
- आटे के भी बारह समान भाग कर लें और इनके गोले बना लें. हथेलियों पर थोड़ा-सा तेल लगाएं और प्रत्येक गोले को थोड़ा फैलाकर उसकी तीन इंच की कटोरी बना लें. कटोरी की किनारों को दबाकर पतला करें.
- भरावन का एक हिस्सा इस कटोरी में रखें. फिर कटोरी के किनारों में चुनट डालें और उन्हें बीच में इकट्ठा कर लें. इसे अच्छी तरह दबा दें.
- स्टीमर में पर्याप्त मात्रा में पानी गरम कर लें. मोदकों को छेद वाली प्लेट में रखें और फिर प्लेट को स्टीमर में रख दें. दस से बारह मिनट तक भाप पर पकाएं. निकालें और फिर इस पर शुद्ध घी डालकर गरमागरम खाने को दें.

नारियल और गुड़ के मीठे भरावन वाले भाप पर पकाए हुए चावल के आटे
से बने यह मोदक गणेशजी को बहुत अच्छे लगते हैं. इन्हें देखकर मेरे
मुँह में पानी आ जाता है. बस मैं और इंतजार नहीं कर सकता!

मिल्क पाउडर के गुलाब जामुन

16 गुलाब जामुन/800 ग्राम
गुलाब जामुन बनेंगे

सामग्री

4 कप (560 ग्राम) मिल्क पाउडर
1 कप (120 ग्राम) मैदा
चुटकीभर सोडा बाईकार्बोनेट
2 छोटे चम्मच तेल + तलने के लिए
दही, आवश्यकतानुसार

चाशनी

4 कप (1 किलो) शक्कर
1 छोटा चम्मच हरी इलायची का पाउडर

विधि

- एक नॉन-स्टिक पैन में शक्कर और चार कप पानी को शक्कर घुलने तक पकाएं. इलायची पाउडर डालकर अच्छी तरह मिलाएं. चाशनी को गरम ही रहने दें. मिल्क पाउडर, मैदा और सोडा बाईकार्बोनेट को अच्छी तरह मिला लें. इसमें दो छोटे चम्मच तेल और पर्याप्त दही डालकर हल्के हाथों से गूंधकर नरम आटा तैयार कर लें.
- आटे को ज्यादा न गूंधें. आटे के कंचे इतने छोटे-छोटे सोलह गोले बना लें. एक नॉन-स्टिक कड़ाही में पर्याप्त मात्रा में तेल गरम करें और उसमें इन गोलों को मध्यम आँच पर बीच-बीच में हिलाते हुए, सुनहरे भूरे होने तक तलें. निकालकर तेल सोखने वाले कागज़ पर रखें.
- फिर इन्हें कुनकुनी चाशनी में डालें और पंद्रह से तीस मिनट तक चाशनी में ही रहने दें. फिर निकालकर खाने को दें.

यह झटपट बननेवाली आसान मिठाई है जो
बच्चों से लेकर बूढ़ों तक सभी को खूब भाती है.

चंद्रकला

20 चंद्रकला/600 ग्राम चंद्रकला बनेगी

सामग्री

खोल

1 कप (120 ग्राम) मैदा

चुटकीभर नमक

1½ बड़े चम्मच घी + तलने के लिए

भरावन

¾ कप (135 ग्राम) कद्दूकस किया हुआ खोया/मावा

½ कप (65 ग्राम) केस्टर शुगर

6 बादाम, दरदरी पाउडर की हुई

6 काजू, दरदरी पाउडर की हुई

½ छोटा चम्मच हरी इलायची पाउडर

चाशनी

1¼ कप (310 ग्राम) शक्कर

1 बड़ा चम्मच दूध

थोड़ा सा केसर

विधि

- खोल बनाने के लिए मैदे और नमक को एक बाउल में छान लें. फिर इसमें डेढ़ छोटा चम्मच घी डालें और आवश्यकतानुसार पानी डालकर कड़ा आटा गूंध लें. गीले कपड़े से ढककर अलग रख दें.
- भरावन बनाने के लिए खोया को एक नॉन-स्टिक पैन में धीमी आँच पर लगातार चलाते हुए तीन से चार मिनट तक भूनें.

- इसमें केस्टर शुगर, बादाम, काजू और हरी इलायची का पाउडर डालें और फिर आँच पर से उतार लें. ठंडा होने के लिए अलग रख दें.
- चाशनी बनाने के लिए एक नॉन-स्टिक पैन में शक्कर और पाव कप पानी डालकर शक्कर घुलने तक पकाएं. दूध डालें और ऊपर उठने वाले झाग को कड़छी की सहायता से निकालकर अलग कर दें.
- इससे चाशनी साफ हो जाएगी. एक तार की चाशनी (पृष्ठ क्र. 95 पर देखें) बना लें. केसर डालें और अच्छी तरह मिला लें. चाशनी को गरम ही रखें.
- गूंधे हुए आटे के बीस समान भाग कर लें. प्रत्येक भाग को बेलकर उसकी तीन इंच की पूरी बना लें.
- एक बार में दो पूरियाँ लेकर उसमें से एक पूरी फैलाकर उसके बीच में एक बड़ा चम्मच खोया का भरावन रखें.
- किनारों पर थोड़ा-सा पानी लगाएं और फिर उसके ऊपर दूसरी पूरी रखें. अब किनारों को थोड़ा-थोड़ा मरोड़ते जाएं इससे एक सुंदर डिज़ाइन बन जाएगा और किनारे अच्छी तरह से बंद भी हो जाएंगे.
- एक नॉन-स्टिक पैन में पर्याप्त मात्रा में घी गरम करें और इसमें चंद्रकला को मध्यम आँच पर सुनहरी भूरी होने तक तलें. निकालकर तुरंत गरम चाशनी में डालें.
- जब चंद्रकला पर सब तरफ से चाशनी की परत चढ़ जाए तब उसे हल्के हाथों से चाशनी में से निकाल लें और फिर परोसें.

नोट: दक्षिणी भारत में चंद्रकला अर्द्ध चंद्राकार बनायी जाती है.

इस होली में घर पर आने वाले मेहमानों का स्वागत चंद्रकला से कीजिए.
इस खास पारंपरिक मिठाई की दावत से होली का रंग दुगुना हो जाएगा.

कुंदा

400 ग्राम मिठाई बनेगी

सामग्री

2 कप + 1 बड़ा चम्मच (375 ग्राम) खोया/मावा

½ कप (125 ग्राम) शक्कर

¼ कप दही, फेंटा हुआ

10–12 बादाम, दो भाग किए हुए

10–12 काजू, दो भाग किए हुए

विधि

- एक बड़ी नॉन-स्टिक कड़ाही में खोया और शक्कर को धीमी आँच पर लगातार चलाते हुए शक्कर पूरी तरह से घुल जाने तक पकाएं.
- जब खोया पिघलने लगे तब उसमें दही डालें और लगातार चलाते हुए तीस मिनट तक या मिश्रण गाढ़ा होकर कड़ाही का किनारा छोड़ने लगे तब तक पकाएं.
- काजू और बादाम डालें और अच्छी तरह मिलाएं. इस मिश्रण को 6 × 8 इंच की घी लगी एक एल्युमिनियम ट्रे में निकालें और फिर इसे समान रूप से फैला दें.
- ठंडी होने दें. ठंडी हो जाने के बाद खाने को दें.

मैंने यह मिठाई बेलगांव के एक हलवाई से सीखी थी. मैं यह देखकर आश्चर्यचकित हो गया कि यह कितनी आसान है और खाने में लाजवाब!

परवल की मिठाई

400 ग्राम मिठाई बनेगी

सामग्री

250 ग्राम परवल, छीलकर, बीज निकालकर, चीरा लगाए हुए
1 कप (180 ग्राम) खोया/मावा
1¼ कप (310 ग्राम) शक्कर
¼ छोटा चम्मच हरी इलायची का पाउडर
10 बादाम, कटे हुए
10 पिस्ते, कटे हुए
2 बड़े चम्मच मिल्क पाउडर
2 छोटे चम्मच दूध
चुटकीभर सोडा बाईकार्बोनेट
थोड़ा सा केसर
चाँदी का वरक़ (पृष्ठ क्र. 95 पर देखें)

विधि

- भरावन बनाने के लिए एक नॉन-स्टिक पैन में खोया को मध्यम आँच पर नरम होने तक गरम करें. पाव कप शक्कर डालें और पकाएं.
- इस मिश्रण में इलायची पाउडर डालें और अच्छी तरह मिलाएं. पैन को आँच पर से उतार लें. फिर इसमें बादाम और पिस्ता डालकर अच्छी तरह मिला लें.
- मिल्क पाउडर डालें और फिर से मिलाएं. इस मिश्रण को एक प्लेट में निकालकर ठंडा होने के लिए रख दें.
- एक दूसरे नॉन-स्टिक पैन में बची हुई शक्कर और एक कप पानी लें और शक्कर पूरी तरह घुल जाने तक उसे उबालें. दूध डालें. ऊपर उठने वाले झाग को कड़छी की सहायता से निकालकर अलग कर दें. कुछ मिनट तक उबलने दें और एकदम पतली चाशनी बना लें.

- एक गहरे नॉन-स्टिक पैन में पर्याप्त मात्रा में पानी गरम कर लें. इसमें चुटकीभर सोडा बाईकार्बोनेट और परवल डालें और दो से तीन मिनट तक उबलने दें.
- परवल को पानी में से निकालकर चाशनी में डाल दें. पंद्रह मिनट तक या नरम हो जाने तक पकाएं. निकालकर ठंडे होने के लिए अलग रख दें.
- परवल में खोया का मिश्रण भर दें. प्रत्येक परवल को थोड़े से केसर और चांदी के वरक़ से सजाएं. ठंडा ही परोसें.

क्या कोई सोच सकता है कि साधारण सी
सब्ज़ी से इतनी लाजवाब मिठाई बन सकती है, पर यह सच है!
चाशनी में डुबोकर जब परवल में खोया और सूखे मेवे
का भरावन भरा जाता है तो यह वाकई बहुत स्वादिष्ट हो जाता है.
इस मिठाई को आप जरूर बनाकर देखें.

जलेबी

30 जलेबियाँ बनेंगी

सामग्री

1½ कप + 2 बड़े चम्मच (195 ग्राम) मैदा

¼ छोटा चम्मच खाने का पीला या नारंगी लिक्विड कलर

2 कप (500 ग्राम) शक्कर

1 बड़ा चम्मच दूध

½ छोटा चम्मच हरी इलायची का पाउडर

2 कप (425 ग्राम) देसी घी

विधि

- एक बड़े बाउल में मैदा लें और इसमें डेढ़ कप पानी डालें. इसे हाथों से लगभग आधे घंटे तक फेंटते रहें ताकि हल्का व चिकना घोल तैयार हो जाए.
- बाउल को ढककर किसी गरम जगह पर खमीर उठने के लिए बीस घंटे तक रहने दें.
- मिश्रण (घोल) को एक बार फिर से अपने हाथों से पंद्रह मिनट तक फेंटे. खाने का रंग और दो बड़े चम्मच मैदा डालें और फिर से दस मिनट तक फेंटे.
- एक गहरे नॉन-स्टिक पैन में शक्कर और दो कप पानी डालकर उन्हें तेज़ आँच पर लगातार चलाते हुए शक्कर घुल जाने तक पकाएं. दूध डालें और ऊपर उठने वाले झाग को कड़छी की सहायता से निकालकर अलग कर दें.

- इलायची पाउडर डालें और एक तार की चाशनी (पृष्ठ क्र. 94 पर देखें) बनने तक इसे उबालें. चाशनी को थोड़ा ठंडा होने दें पर इसे कुनकुना ही रहने दें.
- एक नॉन-स्टिक फ्राइंग पैन में मध्यम आँच पर घी गरम करें. मैदे का थोड़ा-सा घोल एक स्क्वीज़ बोतल में भर लें. इस बोतल को गरम घी के ऊपर पकड़ें और फिर धीरे से दबाते हुए घोल को जलेबी के आकार में (गोल चक्कर) घी में छोड़ें. बाहर से अंदर की ओर चक्कर बनाएं.
- इसे हल्के हाथों से बीच-बीच में पलटते हुए आठ मिनट तक या दोनों ओर से सुनहरी व कुरकुरी हो जाने तक तलें. निकालें और फिर दो से तीन मिनट तक चाशनी में डुबोकर रखें. चाशनी में से निकालें और खाने को दें.

शेफ का सुझाव: पारंपरिक रूप से जलेबी को एक विशिष्ट प्रकार की कड़ाही में तला जाता है जो चौड़ी व उथली होती है. इसे जलेबी तवी कहा जाता है. जलेबी के घोल को जलेबी बनाने के कपड़े में भरकर दबाया जाता है और जलेबियाँ बनाई जाती हैं. यह एक मोटा कपड़ा होता है, जिसके बीच में तीन मिमी. का छोटा-सा छेद होता है. जलेबी बनाने के लिए अभ्यास और धैर्य दोनों ज़रूरी है. आप पहले एक-एक जलेबी बनाएं. जब आपको अच्छी तरह बनानी आ जाए तब जलेबियों को एक साथ एक पंक्ति में बनाने का अभ्यास करें. जलेबी को और कुरकुरी बनाने के लिए मैदै में थोड़ा-सा चावल का आटा मिलाएं.

उत्तर भारत में जलेबी और दूध का नाश्ता बहुत पसंद किया जाता है
और गुजरात में जलेबी को फाफड़े के साथ खाया जाता है. साथ में कढ़ी और
पपीते की चटनी भी होती है. वैसे तो जलेबी खुद ही इतनी स्वादिष्ट और
कुरकुरी होती है कि इसे खाने के बाद आत्मा तृप्त हो जाती है.

गुड़पापड़ी

320 ग्राम गुड़पापड़ी बनेगी

सामग्री

1¼ कप (250 ग्राम) कद्दूकस किया हुआ गुड़

2 कप (300 ग्राम) गेहूँ का आटा

1 कप घी (225 ग्राम) + 2 छोटे चम्मच
थाली में लगाने के लिए

¼ छोटा चम्मच हरी इलायची का पाउडर

चुटकी भर जायफल पाउडर

विधि

- एक नॉन-स्टिक कड़ाही में एक कप घी गरम करें. उसमें गेहूँ का आटा डालें. लगातार चलाते हुए मध्यम आँच पर पंद्रह से बीस मिनट तक या खुशबू उठने और आटा भूरा होने तक भूनें.
- आँच पर से उतारकर इसमें आधा इलायची पाउडर डाल दें. अच्छी तरह मिलाएं. पाँच-छः मिनट के बाद इसमें गुड़ डालें और गुड़ अच्छी तरह मिक्स हो जाने तक मिलाते रहें.
- एक थाली में दो छोटे चम्मच घी लगाएं. मिश्रण को इस थाली में उंडेल दें और फैलाकर एक समान कर लें. आधी बची इलायची पाउडर और जायफल पाउडर को मिला लें और उसे गुड़पापड़ी पर छिड़क दें.
- जमने के लिए ऐसे ही रहने दें. चौकोर या शकरपारे के आकार में काट लें और खाने को दें.

फसल कटाई के अवसर पर
यह विशेष रूप से बनाई जाती है.

कलाकंद

600 ग्राम कलाकंद बनेगा

सामग्री

10 कप (2 लीटर) दूध

$\frac{1}{8}$ छोटा चम्मच फिटकरी

$\frac{3}{5}$ कप (150 ग्राम) शक्कर

2 बड़े चम्मच घी

2 बड़े चम्मच लिक्विड ग्लूकोज़

20 पिस्ते, बारीक कटे हुए

विधि

- एक बड़ी नॉन-स्टिक कड़ाही में तेज आँच पर दूध उबालें. फिटकरी और शक्कर डालकर लगातार चलाते हुए लगभग आधे घंटे तक या दूध दानेदार होकर गाढ़ा होने लगे तब तक पकाएं.
- घी और लिक्विड ग्लूकोज़ डालें और अच्छी तरह मिलाकर मिश्रण को पकाते रहें. जब मिश्रण कड़छी के पिछले हिस्से पर चिपकने लगे तब गैस बंद कर दें.
- मिश्रण को 10 × 8 इंच की घी लगी एक एल्युमिनियम ट्रे में उंडेल दें. पिस्ते के टुकड़े डालें और ठंडा होकर जमने के लिए अलग रख दें.
- चौकोर टुकड़े काट लें और फिर खाने को दें.

दूध से बनी दानेदार बर्फ़ी,
वो भी पिस्ते की कतरन से सजी हुई!
इसे देखकर किसके मुँह में पानी नहीं आएगा.

चॉकलेट-वॉलनट फज

750 ग्राम फज बनेगा

सामग्री

100 ग्राम डार्क चॉकलेट, कद्दूकस की हुई

½ कप अखरोट, बारीक कटे हुए

4 बड़े चम्मच सादा मक्खन

1 टिन (400 ग्राम) स्वीट्न्ड कन्डेन्स्ड मिल्क

1 कप (180 ग्राम) खोया/मावा, कद्दूकस किया हुआ

½ छोटा चम्मच वेनिला एसेन्स

विधि

- 7 इंच की चौकोर एल्युमिनियम ट्रे में घी लगाएं. एक नॉन-स्टिक पैन गरम करें. इसमें मक्खन डालें और उसे पिघलने दें. फिर इसमें चॉकलेट डालें और इसे पिघलने तक चलाते रहें. कन्डेन्स्ड मिल्क डालें और पाँच से छः मिनट तक पकाएं.
- अखरोट डालें और अच्छी तरह मिला लें. कद्दूकस किया हुआ खोया और वेनिला एसेन्स डालें और एक बार फिर से मिला लें.
- इस मिश्रण को घी लगी ट्रे में उंडेल दें और घी लगे चपटे चम्मच की मदद से एक समान फैला दें. फ्रिज में रखकर ठंडा कर लें. फिर निकालकर इसके टुकड़े कर लें. ठंडा ही खाने को दें.

फज बर्फ़ी को टक्कर देने वाली मिठाई है, विशेषकर हिल स्टेशनों पर जहाँ अभी भी अंग्रेज़ी सभ्यता के खान-पान के अवशेष बाकी हैं.

बालूशाही

12 बालूशाही बनेगी

सामग्री

1½ कप (180 ग्राम) मैदा

¼ छोटा चम्मच सोडा बाईकार्बोनेट

4 बड़े चम्मच देसी घी + तलने के लिए

6 बड़े चम्मच दही, फेंटकर चिकना किया हुआ

2 कप (500 ग्राम) शक्कर

2 बड़े चम्मच दूध

4–5 पिस्ते, बारीक कटे हुए

विधि

- मैदे और सोडा बाईकार्बोनेट को एक बड़े बाउल में एक साथ छान लें.
- इस मिश्रण में चार बड़े चम्मच घी डालें और उंगलियों से मिश्रण में घी अच्छी तरह मिला लें.
- मिश्रण ब्रेडक्रम्ब्स की तरह हो जाना चाहिए. फेंटा हुआ दही डालें और नरम आटा गूंध लें. गूंधे हुए आटे को गीले कपड़े से ढककर पैंतालीस मिनट तक ऐसे ही रहने दें.
- आटे के बारह समान भाग कर लें और इनके गोले बना लें. गोले को ज्यादा दबाएं या मसलें नहीं. हल्के हाथों से गोले बनाएं. अंगूठे से इन गोलों के बीचोंबीच एक गड्ढा बनाएं. गोलों को ढककर रखें.
- एक नॉन–स्टिक कड़ाही में मध्यम आँच पर पर्याप्त मात्रा में घी गरम करें. एक बार में आटे के दो से तीन गोले इस घी में छोड़ें और धीमी आँच पर तलें.

- यदि आवश्यक हो तो नॉन-स्टिक कड़ाही के नीचे तवा रख दें. इससे घी बहुत ज़्यादा गरम नहीं होगा. धीरे-धीरे बालूशाही कड़ाही में ऊपर की ओर तैरने लगेगी. इसे हल्के हाथों से पलट दें और दूसरी तरफ से भी सुनहरी होने तक तलें. इस पूरी प्रक्रिया में तीस से पैंतालीस मिनट तक लग सकते हैं.
- छेद वाले चम्मच की सहायता से इसे निकालें और फिर तेल सोखने वाले कागज़ पर रख दें. इसे ठंडा होने के लिए लगभग पैंतालीस मिनट तक एक तरफ रख दें.
- एक गहरे नॉन-स्टिक पैन में शक्कर को एक कप पानी के साथ तेज आँच पर बीच-बीच में चलाते हुए शक्कर घुलने तक पकाएं. फिर इसमें दूध डालें. ऊपर उठने वाले झाग को कड़छी की सहायता से निकालकर अलग कर दें.
- दो तार की चाशनी (पृष्ठ क्र. 95 पर देखें) बना लें. चाशनी को आँच पर से उतार लें और फिर इसमें ठंडी की हुई बालूशाही डाल दें. बालूशाही को लगभग दो घंटे तक इसमें डालकर रखें.
- बालूशाही को चाशनी में से हल्के हाथों से निकालें और फिर सर्विंग प्लेट पर रख दें. पिस्ते से सजाएं. दो से तीन घंटे तक ऐसे ही रहने दें ताकि बालूशाही के ऊपर चढ़ी चाशनी की परत सूखकर सफेद हो जाए.

मुझे याद है, डोनट की तरह दिखने वाली यह मिठाई, बचपन में मेरी सबसे पसंदीदा मिठाई हुआ करती थी और मैं चुपके-चुपके कई बालूशाही चट कर जाया करता था.

मिल्क केक

730 ग्राम मिल्क केक बनेगा

सामग्री

10 कप (2 लीटर) दूध

$1/8$ छोटे चम्मच फिटकरी

$3/5$ कप (150 ग्राम) शक्कर

2 बड़े चम्मच घी

2 बड़े चम्मच लिक्विड ग्लूकोज़

विधि

- एक बड़े व मोटे पेंदे की नॉन-स्टिक कड़ाही में दूध को तेज़ आँच पर एक उबाल आने तक गरम करें.
- फिटकरी और शक्कर डालकर लगातार चलाते हुए लगभग डेढ़ घंटे तक या दूध दानेदार होकर गाढ़ा हो जाने तक पकाएं.
- घी और लिक्विड ग्लूकोज़ डालकर अच्छी तरह मिलाएं और तब तक पकाते रहें जब तक कि मिश्रण कड़ाही के किनारे न छोड़ने लगे.
- साढ़े सात इंच व्यास वाली और ढाई इंच गहरी डिश में घी लगाएं और मिश्रण को इसमें निकाल लें. इसे ढककर चार से पाँच घंटे तक ऐसे ही रहने दें.
- इस दौरान यह अंदर ही अंदर पकती रहेगी और इसकी बीच की परत हल्की भूरी हो जाएगी. मिल्क केक को सर्विंग डिश में पलट दें. चौकोर टुकड़े काट लें और खाने को दें.

इस मिल्क केक को बनाने के लिए आपको बेकिंग करने की ज़रूरत नहीं है. दूध के छोटे-छोटे दानों से बना यह केक वाकई लाजवाब है!

गुड़पारे

450 ग्राम गुड़पारे बनेंगे

सामग्री

½ कप (100 ग्राम) कद्दूकस किया हुआ गुड़

1⅔ कप (200 ग्राम) मैदा + पलेथन के लिए

2 छोटे चम्मच सौंफ, दरदरी पिसी हुई

¼ कप वनस्पति, पिघलाया हुआ

तेल, तलने के लिए

विधि

- गुड़ को पाव कप गरम पानी में डालें और पूरी तरह घोल लें. छानकर कचरा अलग कर लें.
- एक गहरे बाउल में मैदा लें. इसमें गुड़ का पानी, सौंफ और पिघलाया हुआ वनस्पति तेल डालकर आटा गूंध लें. आटा न तो ज़्यादा ढीला हो और ना ही ज़्यादा कड़ा.
- आटे को गीले कपड़े से ढककर कुछ देर ऐसे ही रहने दें. किसी समतल सतह (चकले या किचन प्लेटफॉर्म) पर थोड़ा-सा मैदा छिड़कें और आटे की पाव इंच मोटी रोटी बेल लें. शकरपारे के आकार के टुकड़े कर लें.
- एक नॉन-स्टिक कड़ाही में पर्याप्त तेल गरम करें. एक बार में थोड़े से टुकड़े धीरे-धीरे तेल में छोड़ें और सुनहरे-भूरे होने तक तलें.
- निकालकर तेल सोखने वाले कागज़ पर रखें. गरम-गरम खाने को दें या फिर पूरी तरह ठंडे हो जाने के बाद हवाबंद डिब्बे में भरकर रखें.

इसमें शक्कर की जगह गुड़ का इस्तेमाल किया गया है. इससे यह अधिक कुरकुरे और स्वादिष्ट बनते हैं. मिठाइयों की भीड़ में इसका अलग ही स्थान है.

इमरती

500 ग्राम इमरती बनेगी

सामग्री

⅓ कप धुली उड़द दाल

1 बड़ा चम्मच कॉर्नफ्लॉर

कुछ बूंदें खाने का नारंगी रंग

1 कप (250 ग्राम) शक्कर

घी, तलने के लिए

विधि

- उड़द दाल को दो से तीन घंटे गलाकर रखें. कॉर्नफ्लॉर, खाने के रंग और पाव कप + एक बड़ा चम्मच पानी के साथ पीसें और चिकना घोल बना लें. यह घोल केक के घोल इतना गाढ़ा होना चाहिए.
- एक नॉन-स्टिक पैन में शक्कर को एक कप पानी के साथ शक्कर घुल जाने तक पकाएं.
- दूध डालें और ऊपर उठने वाले झाग को कड़छी की सहायता से निकालकर अलग कर दें. इससे चाशनी साफ हो जाएगी.
- एक तार की चाशनी (पृष्ठ क्र. 95 पर देखें) बना लें.
- आँच पर से उतार लें और चाशनी को गरम ही रहने दें. एक उथले नॉन-स्टिक पैन में पर्याप्त मात्रा में घी गरम करें. घोल को स्क्वीज़ बोतल में भर लें.
- बोतल को घी के ऊपर दबाते हुए एक के अंदर एक ऐसे दो गोले बनाएं. और फिर बाहर के गोले पर बाहर की ओर छल्ले बनाते जाएं.

* इमरती को दोनों तरफ से सुनहरी होने तक तलें. छेद वाले चम्मच की सहायता से इमरती को धीरे से निकालें और फिर गरम चाशनी में पंद्रह मिनट तक डुबोकर रखें. निकालकर गरमागरम खाने को दें.

इसे दक्षिण भारत में जंगरी कहा जाता है. जलेबी की तरह दिखने वाली यह मिठाई ज़्यादा मोटी और रसीली होती है.

बॉम्बे हलवा

250 ग्राम बॉम्बे हलवा बनेगा

सामग्री

¾ कप + 1 बड़ा चम्मच (200 ग्राम) शक्कर

1 छोटा चम्मच नींबू का रस

3⅓ बड़े चम्मच (50 ग्राम) कॉर्नफ्लॉर

6½ बड़ा चम्मच (100 ग्राम) घी

एक चुटकी या कुछ बूंदें खाने का रंग (पीला, हरा या नारंगी)

1 छोटा चम्मच हरी इलायची का पाउडर

½ कप काजू

विधि

- शक्कर में आधा कप और पाँच छोटे चम्मच पानी व नींबू का रस डालकर उसे उबाल लें. आधे कप पानी में कॉर्नफ्लॉर को डालें और अच्छी तरह मिलाकर चिकना घोल तैयार कर लें.
- एक नॉन-स्टिक पैन में एक बड़ा चम्मच घी डालें. फिर इसमें कॉर्नफ्लॉर का मिश्रण डालें और धीमी आँच पर लगातार चलाते हुए पकाएं. जब मिश्रण गाढ़ा होने लगे तब उसे आँच पर से उतार लें और फिर इसमें शक्कर की चाशनी थोड़ी-थोड़ी करके मिलाएं.
- जब तक कि सारी चाशनी मिश्रण में अच्छी तरह मिक्स ना हो जाए लगातार चलाते रहें ताकि गुठलियाँ ना बनें.
- इसे फिर से धीमी आँच पर रख दें और फिर बचा हुआ घी थोड़ा-थोड़ा करके इसमें डालें. लगातार चलाते रहें जब तक कि सारा घी मिश्रण में अच्छी तरह मिक्स ना हो जाए. रंग और इलायची पाउडर डालकर और पंद्रह से बीस मिनट तक या घी छूटने तक पकाएं.
- काजू डालें. घी लगी हुई एक 6 × 6 इंच की एल्युमिनियम ट्रे में यह सारा मिश्रण उंडेल दें और फिर घी लगे स्पैट्यूला की मदद से इसे ट्रे में एक समान रूप से फैला दें. पूरी तरह ठंडा हो जाने के बाद इसके चौकोर या शकरपारे के आकार के टुकड़े काट लें और फिर खाने को दें.

इसे कराची हलवा भी कहा जाता है. चाहे नाम कुछ भी हो
इससे इसके लाजवाब स्वाद में कोई फर्क नहीं पड़ता है.

मिठाइयाँ बनाने से पहले...

संबंधित शब्दों व सामग्रियों का अर्थ व विवरण

फिटकरी : फिटकरी एक रासायनिक यौगिक है – यह अमोनियम का डबल सल्फेट है, इसका उपयोग कई उद्योगों व खाना बनाने की प्रक्रियाओं में किया जाता है. यह पानी में घुल जाता है और इसका स्वाद अम्ल की तरह खट्टा, तीक्ष्ण व थोड़ा मीठा होता है. इसका उपयोग कुछ मिठाइयों जैसे कलाकंद बनाने में किया जाता है. इसे दूध में डालने पर यह दूध को दानेदार (रवेदार) बना देता है पर दूध को पूरी तरह फटने नहीं देता है.

छेना : छेना बनाने के लिए गाय के दूध का इस्तेमाल किया जाता है, क्योंकि इसमें वसा की मात्रा बहुत कम होती है. छेना बनाने के लिए एक पैन में दूध उबालें; आँच कम कर दें और फिर इसमें विनेगर (सिरका) डालें. मलाई के लच्छे और तोड़ दोनों पूरी तरह से अलग-अलग हो जाने तक दूध को चलाते रहें. छेने को छान लें और फिर मलमल के कपड़े में बाँधकर उसकी पोटली बना लें. पानी पूरी तरह से निकल जाना चाहिए. तोड़ का उपयोग आप बाद में और दूध फाड़ने के लिए भी कर सकते हैं. एक लीटर दूध का छेना बनाने के लिए 1 बड़ा चम्मच विनेगर डालें. छेना जल्दी खराब हो जाता है, क्योंकि यह ताज़े दूध से बनाया जाता है. इसलिए छेने की मिठाई ज्यादा दिनों तक नहीं टिकती है.

साइट्रिक एसिड : साइट्रिक एसिड या नींबू का फूल एक तनु कार्बनिक अम्ल है, जो कि एक प्राकृतिक परिरक्षक है. इसका उपयोग खाने में या सॉफ्ट ड्रिंक्स में अम्लीय या खट्टे स्वाद के लिए किया जाता है. यह सफेद दानों के रूप में मिलता है. इसका इस्तेमाल केरेमल बनाते समय क्रिस्टलीकरण को रोकने के लिए और पेड़ा बनाते समय दूध को जमाने के लिए किया जाता है.

गोंद : यह पेड़ से निकाला हुआ एक विशिष्ट प्रकार का गोंद होता है, जो खाया जा सकता है. यह बाज़ार में पीले रंग के पारभासी टुकड़ों के रूप में मिलता है, इन छोटे-छोटे टुकड़ों को फूलने तक घी में तला जाता है और फिर इसका चूरा करके इसे मिठाई में मिलाया जाता है.

खोया

खोया या मावा गाढ़े या औटाए हुए दूध को कहते हैं. दूध को उबालकर उसे गाढ़ा किया जाता है. इसे बहुत सी मिठाइयों को बनाने के लिए मुख्य सामग्री की तरह इस्तेमाल किया जाता है, चूँकि खोया ताज़े दूध से बनाया जाता है, इसलिए खोए से बनी मिठाइयाँ फ्रिज में रखने पर भी केवल दो-चार दिन तक ही अच्छी रहती हैं.

हरियाली खोया/चिकना खोया गाय के दूध से बनाया जाता है, इसलिए इसमें भैंस के दूध से बने खोए की तुलना में कम वसा होता है. यह थोड़ा पीला होता है. यह ढीला और थोड़ा चिपचिपा होता है. इसमें साधारण मावे की तुलना में अधिक नमी होती है, इसलिए इसका उपयोग गुलाब जामुन बनाने में किया जाता है.

शक्कर की चाशनी

शक्कर की चिकनी चाशनी बनाने के लिए : एक नॉनस्टिक पैन में शक्कर और पानी को मध्यम आँच पर उबालें. लगातार चलाते रहें. क्रिस्टल न बने इसलिए शक्कर को पानी में अच्छी तरह घोल लें उसके बाद उबालें. चाशनी में लिक्विड ग्लूकोज़ डालने से भी उसमें क्रिस्टल नहीं बनते हैं.

शक्कर की चाशनी को साफ करने के लिए : पैन में शक्कर और पानी को उबालें. जब शक्कर पूरी तरह घुल जाए तब उसमें कुछ बड़े चम्मच दूध डालें. मिश्रण को उबालने पर ऊपरी सतह पर झाग आने लगेगा. इस झाग को छलनी या चम्मच की सहायता से सावधानीपूर्वक निकाल लें.

चाशनी का गाढ़ापन जाँचने के लिए :

- एक तार की चाशनीः अंगूठे पर एक बूंद चाशनी लें और तर्जनी से जाँचे. यदि एक लंबा तार बन रहा हो तो एक तार की चाशनी तैयार है.
- दो तार की चाशनीः अंगूठे पर एक बूंद चाशनी लें और तर्जनी से जाँचे. यदि दो तार बनते हों तो दो तार की चाशनी तैयार है.
- नरम गुठली की चाशनीः ठंडे पानी में चाशनी की कुछ बूंदे डालें यदि आप अंगुली से इसे रोल करके नरम गोला बना सके, तो समझे कि चाशनी तैयार हो गई है.
- कड़क गुठली की चाशनीः ठंडे पानी में चाशनी की कुछ बूंदे डालें यदि आप अंगुली से रोल करके थोड़ा कड़ा गोल बना सके तो समझे की चाशनी तैयार हो गई है.

आप केन्डी थर्मामीटर की सहायता से भी चाशनी का गाढ़ापन जाँच सकते हैं.

चम्मच के पिछले हिस्से को कोट करना : यह खाना बनाने की एक तकनीक है, इससे यह जाँचा जाता है कि तरल मिश्रण (आम तौर पर कस्टर्ड या सॉस) उपयुक्त मात्रा में गाढ़ा हुआ है या नहीं. मिश्रण में लकड़ी या धातु का चम्मच डुबोएं और फिर निकालकर उसके पीछे के हिस्से पर उपर की ओर अंगुली रखकर उसे नीचे तक खींचे. यदि मिश्रण आपकी अंगुली द्वारा बनाए गए हिस्से पर नहीं आए तो समझें कि मिश्रण उचित मात्रा में पक गया है और वो चम्मच के पिछले हिस्से को कोट कर रहा है.

वरक़ : वरक़ चाँदी की एक पतली परत या चादर होता है. यह बहुत ही नाज़ुक होता है और इसे हल्के हाथों से उठाना व लगाना चाहिए. इसमें पीछे की ओर कागज़ लगा हुआ रहता है. वरक़ से मिठाई को सजाने के लिए इसे हल्के हाथों से उठाएं और उल्टा करके मिठाई पर रख दें. मिठाई जब थोड़ी गरम हो तभी इसे लगा दें. वरक़ को धीरे से दबाएं और कागज़ को उठा लें.

पारिभाषिक शब्दावली

English	हिन्दी
Almonds	बादाम
Alum	फिटकरी
Ash gourd	सफेद पेठा
Black gram, skinless spilt	धुली उड़द दाल
Caster sugar	पीसी हुई शक्कर
Cloves	लौंग
Desiccated coconut	बूरा खोपरा
Edible gum resin	गोंद
Edible silver foil	चाँदी का वरक़
Fennel	बड़ी सौंफ
Figs, dried	अंजीर
Gram flour	बेसन
Green cardamom	छोटी इलायची
Jaggery	गुड़
Nutmeg	जायफल
Pistachios	पिस्ता
Pointed gourd	परवल
Pomegranate Kernels	अनारदाना
Poppy seeds	खसखस
Puffed rice	कुरमुरा
Raisins	किशमिश
Refined flour	मैदा
Roasted Bengal gram	दालिया
Safforn	केसर
Screw pine	केवड़ा
Semolina	सूजी/रवा
Sesame seeds	तिल
Slate lime powder	चूना
Vinegar	सिरका
Walnuts	अखरोट
Wholewheat flour	आटा
Yogurt	दही